딸아, 내 음성이 들리니

딸아, 내 음성이 들리니

리앤 맥코이 지음

배응준 옮김

규장

언제 어디서든 들리는 음성

미친 듯 산다는 것

최근에 누군가가 내게 안부를 물었다. 나는 곧바로 대답하지 않았다. 사실대로 말할지 아니면 사람들이 으레 그러듯이 "잘 지내요, 당신은요?"라고 명랑하게 대답할지 생각하면서 잠시 뜸을 들였다. 나는 목회자의 아내로서 품위를 지키면서도 혼자만 고고한 척 한다는 비난을 모면하기 위해 싱긋 웃으면서 대답했다.

"미친 것 같은 바다를 항해하고 있어요. 당신은 어때요?"

상대는 내 대답에 약간 당황한 듯했다. 내 표현이 고상하지 못해서일지 모른다. 하지만 미친 듯 살고 있지 않은 사람이 과연 몇이나 있을까. 미친 것 같은 상황을 만나지 않고, 그런 생각과 감정을 경험하지 않으면서 이 세상을 살아가는 사람이 있기는 할까?

이 책은 하나님의 음성을 듣고 반응하는 법에 대해 말하고 있지만, '하나님은 어제나 오늘이나 동일하시다'라는 깨달음 안에서 우리가 성장한다는 것도 강조한다. 하나님은 결코 변하지 않으신다. 그분의 약속도 마찬가지다. 그러나 때로 인생의 괴로움이 우리로 하여금 그 진리를 의심하게 만든다. 이 책은 그 진리를 붙잡고 하나님 놓기를 거부하는 것에 관한 이야기다.

엄마, 사는 게 너무 힘들어요

작은딸이 여섯 살때 내게 이런 질문을 했다.

"엄마, 하나님의 음성을 들으려면 어떻게 해야 돼요? 나는 하나님께 기도할 수 있고, 하나님은 내 기도하는 목소리를 들을 수 있어요. 하지만 하나님께서 내게 말씀하실 때 내가 그걸 어떻게 알 수 있어요?"

나는 경험을 통해 알게 된 모범답안을 딸에게 말해주었다.

"하나님은 네게 말씀하시고자 하는 거의 모든 것을 이미 성경에 기록해놓으셨어."

그리고 성경을 보여주면서 사무엘이 어떻게 하나님의 음성을 듣는 법을 배웠는지 말해주었다. 하지만 아이는 내 대답에 만족하지 못했다. 심지어 사무엘이 하나님께서 말씀하신 것을 자신의 귀로 직접 들은 게 아니었냐고 내게 따져 물었다. 그래서 내가 말했다.

"네가 나중에 커서 성경을 읽으면 하나님께서 어떤 방법으로 말씀하셨는지 이해하게 될 거야."

그 후 2년쯤 지난 어느 날, 작은딸이 흥분된 목소리로 내게 소리쳤다.

"엄마, 드디어 하나님께서 성경을 통해 내게 어떻게 말씀하시는지 알았다고요! 가인과 아벨이 서로 친하게 지내지 못했다는 창세기 말씀을 읽고 있는데 언니와 내가 바로 그렇다고 하나님께서 말씀하신다는 걸 알았어요. 언니와 나는 친하게 지내지 못하거든요. 하지만 나는 언니에게 잘해줘야 해요."

놀랍게도 여덟 살짜리 아이가 말씀과 자신의 상황을 연결시키고 있었다! 이처럼 성경 말씀과 우리가 처한 환경을 연관시켜 깨달을 때, 하나님의 음성을 더 잘 이해할 수 있게 된다고 아이에게 말해주었다.

열두 살이 되자 아이는 이런저런 문제로 괴로워하면서 우리 침실에 자주 찾아왔다. 당시 작은딸은 친구들에게 닥친 고통으로 매우 괴로워했다. 교통사고로 사촌을 잃고, 무단결석을 하고, 부모의 이혼으로 상처받은 친구들이었다.

어느 날, 딸은 닭똥 같은 눈물을 흘리며 내게 말했다.

"엄마, 사는 게 너무 힘들어요."

틀린 말이 아니었다. 인생은 정말 힘들다. 인생은 종종 고약하고 불쾌하기까지 하다. 그러나 하나님께서 우리에게 자신을 계시하기 위해 그런 것들까지도 어떻게 사용하시는지 이 책에서 다루었다.

몰아치는 환난의 삭풍

나는 전작인 《Spiritual Warfare for Women》(여성들을 위한 영적전쟁)을 쓰는 동안에 인생의 심각한 위기를 여섯 가지나 한꺼번에 경험했다. 2010년, 책을 내고 싶다는 내 제안을 출판사가 받아들였다는 연락이 왔을 때 나는 라스베이거스 공항 활주로에 착륙하는 비행기 안에 있었다. 닷새 전 대장암 진단을 받고 일주일 동안의 휴양을 간 것이었다.

그렇게 암 진단을 받고 나서 2개월이 지난 뒤, 테네시 중부에 엄청난 집중호우가 쏟아져 우리 교회의 예배당과 교육관이 침수되었고, 피해액이 무려 27만 5천 달러(약 2억 9천만 원)에 달했다. 그리고 한 달 뒤 열여덟 살 된 큰딸 미켈이 가출했다. 큰딸이 여동생을 데리고 저녁을 먹으러 나간 사이 큰딸의 남자친구가 딸의 짐을 옮겼다. 당시 남편과 나는 잠시 집을 비운 상태였다. 분명히 집에 두 딸이 있을 것이고, 주일 아침이 되면 교회 버스를 타고 수련회에 갈 거라고 확신하면서…. 하지만 큰딸은 교회 수련회와 기독교 대학의 장학금 제안을 외면한 채 남자친구를 따라서 집을 나섰다. 그 후 큰딸이 임신했다는 걸 알게 되었다.

3개월이 지난 무렵에는 아들 티제이가 '전염성 단핵증'(발열과 오한을 동반하는 바이러스성 질환) 진단을 받았다. 아들은 3주간 학교에 가지 못했고, 손상된 면역 체계가 회복될 때까지 거의 일 년 동안 그 병과 싸워야 했다. 그리고 아들의 발병 한 달 후에는 남편이 눈꺼풀에 있는 피부암 악성 종양 제거 수술을 받았다. 곧바로 3주 후에는 작은딸 칼리가 '다낭성 난소증후군' 초기 진단을 받았다. 그것은 20년 전에 내가 불임으로 고생하고 있을 때 받았던 진단과 동일했다.

이전까지 우리 가족은 건강하고 행복하게 잘 살아왔다. 그런데 내가 영적전쟁에 관한 책을 쓰기 시작한 해에 우리는 각종 질병과 천재지변과 사람의 기를 꺾어놓는 극한의 고통에 포위당했다. 그때 나는 그리스도인의 영적전쟁에는 세 가지의 전선(戰線)이 있다는 것을 알게 되었다. 첫 번째 전선은 사탄과 싸우는 곳이다. 그에 관한 책을 쓰고 있었기 때문에 그것은 놀라운 사실이 아니었다. 두 번째 전선은 사탄이 엉망진창으로 만들어놓은 사람들과 환경에 맞서 싸우는 곳이다. 이 역시 놀라운 사실이 아니었다.

그러나 세 번째 전선은 놀라웠다. 그곳은 바로 내가 하나님과 맞붙어서 격렬하게 싸우는 곳이었다. 나는 그 싸움의 격렬함에 경악했다. 그곳에서 나는 적나라하게 내 믿음을 보게 되었고, 도저히 이해할 수 없는 하나님과 마주해야 했다. 하나님께서는 그런 싸움을 통해 그분의 많은 것들을 내게 가르쳐주셨다.

하나님을 붙잡고 놓지 말라

그동안 나는 인생의 온갖 불행과 재난에 압도되어 믿음을 잃은 사람들을 수없이 많이 만났다. 그들은 인생의 환난이 자신의 믿음을 먹어치우도록 허용했고, 하나님을 붙잡기보다는 환멸과 실망 속에서 그분의 곁을 떠나는 것을 선택했다.

야곱은 인생의 가혹한 시련의 한가운데서 하나님을 붙잡았던 대표적인 인물이다. 그는 하나님과 씨름하는 매우 혼란스러운 상황에서도 하나님의 축복을 확보하는 방법을 보여준다. 그가 보인 본(本)을 우리가 그대로 따를 때 이미 우리 안에서 착한 일을 시작하신 하나님께서 신실하게 그 일을 이루실 것을 확신할 수 있다.

> 너희 안에서 착한 일을 시작하신 이가 그리스도 예수의 날까지 이루실 줄을 우리는 확신하노라 빌 1:6

이 책은 4부로 구성되어 있다. 1부에서 우리는 야곱과 그의 할아버지 아브라함과 함께 여행할 것이다. 실망스러운 상황들이 답을 알 수 없는 수많은 질문을 안고 우리에게 찾아올 때 그 질문들은 우리 마음에 강한 의심을 번식시킨다. 그리고 그 상황들이 우리를 하나님과 씨름하는 곳으로 데려간다. 그런데 놀랍게도 그 씨름을 통해 우리는 엄청난 축복을 받을 수 있다. 야곱은 하나님의 약속이 자신의 생각과 다르고, 자신이 마주한 현실과도 일치하지 않았을 때 하나님을 붙잡고 씨름했다. 1부에서는 하나님의 약속을 우리 마음속의 그림과 나란히 정렬시키는 법과 신실하고 은혜로우신 하나님을 신뢰하는 법을 배울 것이다.

2부에서는 '그때 하나님께서는 어디에 계셨을까' 하는 질문에 대한 답을 찾아보고자 한다. 요셉이 구덩이에 던져지고, 히스기야 왕이 선한 삶을 살고 있으며, 제자들이 갈릴리 바다의 풍랑에 휩쓸렸을 때 하나님께서는 대체 어디에 계셨을까? 우리는 성경의 몇 가지 주요한 이야기들을 새로운 시각으로 바라봄으로써 하나님께서 언제 어디서든지 우리의 삶에 임하신다는 것을 배울 것이다. 우리가 구덩이에 던져지든, 옳은 길을 가고 있든, 산더미 같은 파도에 휩쓸리든 하나님은 그곳에 함께 계신다.

3부에서는 내가 잘 알고 있는 사람들의 진솔한 삶을 통해 실망스러운 상황과 울부짖음이 그들을 얼마나 성장시켰는지에 대해 볼 것이다. 하나님은 종종 우리를 인생의 암담하고 달갑잖은 상황으로 데려가 선입견과 제한된 믿음 너머로 발돋움하라고 밀어붙이신다. 하나님의 음성을 듣고 배우는 것과 그런 장소에 이르는 것은 아주 밀접한 관계가 있다.

하나님께서 그분의 능력과 사랑을 어느 때보다 더 분명하게 깨우쳐주시기 위해 '미친 것 같은' 우리의 삶을 어떻게 사용하시는지를 알게 될 것이다.

4부는 우리의 삶에서 하나님께서 행하시는 새로운 일들을 기대하며 살라는 격려이다. 우리가 그리스도와 친밀하게 사귀면서 살아갈 때 우리를 지켜보는 세상에 그리스도를 전하는 증인이 될 것이다.

이 책은 하나님과 우리 자신에게 정직해지는 것에 관한 내용이다. 사탄이 우리를 해치기 위해 의도한 것들을 하나님께 모두 맡김으로써 원수를 대적하는 것과 나를 더 가까이 끌어당기어 하나님에 관해 더 잘 알도록 하시는 그분께 나를 드림으로 믿음의 원수를 물리치는 것에 관해 말한다. 또한 우리 인생의 무대에 드리워진 커튼을 활짝 열어젖히고, 우리를 지켜보는 사람들에게 하나님의 완벽한 사랑과 강력한 임재를 보이라고 주신 소중한 기회를 적극적으로 활용하는 법에 대해 설명한다.

당신은 정말 하나님의 음성을 듣기를 원하는가? 당신 삶의 소음들이 하나님의 음성을 삼켜버리고 있는가? 하나님의 축복을 꼭 받기를 원하는가? 하나님을 꽉 붙잡으려는 마음이 있는가? 그렇다면 이 책은 당신을 위한 것이다.

서문

간절히 속삭이시는 하나님 음성

두려움을 없애시는 하나님 음성

차례
CONTENTS

A Woman's Guide to Hearing God's Voice

간절히 속삭이시는
하나님 음성

PART

1

나와 이야기하지
않겠니

흑암 속에서 하나님께 다가가기

때로 우리 삶의 상황과 환경은 우리 주변에 흑암을 낳는다. 아무것도 보이지 않으면 두려운 마음에 우리는 그런 어둠에서 도망치려고 한다. 그것이 어둠에 대한 본능적인 반응이다. 하지만 하나님께서는 흑암 가운데에 계셨고, 모세는 하나님의 음성을 듣길 원했다.

백성은 멀리 서 있고 모세는 하나님이 계신 흑암으로 가까이 가니라 출 20:21

그래서 그는 담대하게 깊은 어둠을 향해 나아갔다. 나도 깊은 어둠이 날 에워싸고 집어삼키고 있는 것처럼 느꼈던 때가 있었다. 그때 무거운 마음으로 우리 교회의 '기도 클리닉'을 찾아갔다. 그곳은 몸이 아플 때 찾는 병원처럼 기도의 도움이 절실할 때 찾아가는 곳이다. 누구든지 기도의 도움이 필요할 때 가면 중보기도의 은사를 받은 사람들이 그를 에워싸고 기도한다.

날 위한 기도가 시작됐을 때 절친한 친구가 이렇게 기도했다.

"은혜로우신 아버지! 우리 교회의 목회자와 그의 아내를 사랑하심을 알고 있습니다. 아버지의 허락이 떨어지지 않은 그 무엇도 그들에게 임할 수 없다는 걸 잘 알고 있습니다. 비록 현재의 상황이 그들의 마음을 상하게 할지라도 아버지의 가장 귀한 보화들이 숨겨져 있는 깊고 어둡고 은밀한 곳으로 그들을 데려가기를 원하셨기에 그런 상황을 허락하신 것임을 믿습니다. 그곳으로 인도될 때 그들이 아버지의 임재하심을 의식하게 하소서. 또한 고통에 압도당해 아버지께서 준비하신 보화를 놓치는 일이 일어나지 않게 하소서."

그녀의 기도는 깊고도 깊었지만 내게 큰 위로와 기쁨이 되진 못했다. 내 마음은 이렇게 소리치고 싶었다.

'안 돼요, 그런 것들이 아무리 귀하다고 해도 저는 그 어둠 속으로는 절대 들어가고 싶지 않아요!'

나는 어두운 곳이 정말 싫다. 그곳에 사는 박쥐와 거미, 수많은 작은 다리로 기어 다니는 섬뜩하고 으스스한 생물체들도 싫다. 끈적거리는 진흙을 질퍽거리며 걷는 것도 싫다. 어둡고 춥고 습하고 캄캄한 곳은 정말 가고 싶지 않다. 하지만 하나님께서 보화들이 숨겨져 있는 깊고 어두운 곳으로 날 데려가신다면 그분과 함께 그 길을 걸어야 한다는 것을 잘 알고 있었다.

지금 나는 2년 넘게 '영적 동굴탐사'를 하고 있다. 그 탐사에서 몇 가지의 보물을 손에 넣었고, 지금 당신과 함께 그것들을 잘 손질하여 광택을 내고자 한다. 당신이 이 책을 읽어가면서, 하나님께서 깊은 어둠 속에 계시다는 것을 알고 그곳을 향해 적극적으로 나아가게 되기를 진정으로 소망한다.

대화의 규칙들

하나님께서는 모세에게 하셨던 것처럼 때로 우리를 흑암으로 인도하시고 그곳에서 우리를 만나신다. 그러므로 우리는 깊은 어둠 속에서 그분을 어떻게 만나야 하는지 배워야 한다. 그래서 어둠의 장소로 향하기 전에 그분이 우리와 어떤 방법으로 대화하시는지 몇 가지 규칙을 살펴보는 게 필요하다.

❀ 귀에 들리는 음성으로 말씀하시지 않는다. 대부분의 경우에 하나님께서는 귀에 들리는 음성으로 우리와 대화하지 않으신다. 우리에게 귀를 두 개씩이나 주시고 귀로 다른 사람의 말을 경청하기를 바라시지만 하나님께서 말씀하실 때는 우리가 그 귀를 사용하지 않기를 바라신다. 이 말이 다소 기이하게 들릴지도 모른다.

하지만 하나님은 우리가 그렇게 하기를 바라신다. 하나님의 모든 뜻을 다 헤아릴 수는 없지만 나는 아직까지 하나님의 음성을 귀로 들어본 적이 없다. 물론 언제나 그분의 음성을 순순히 받아들일 준비는 하고 있지만 하나님께서 그런 식으로 내게 말씀하신 적은 단 한 번도 없다.

🍁 성경을 통해 말씀하신다. 성경은 그 자체로 보면 66권의 소책자로 구성된 고대 문집에 지나지 않지만 실상은 하나님의 영감을 받아 기록된 계시이다. 성경은 오류가 없는 하나님의 말씀이다. 이는 성경이 하나님께서 우리에게 자신을 완벽하고 완전하게 계시하기 위해 따로 구별하신 책이라는 뜻이다.

창세기 1장 1절 "태초에 하나님이"로 시작해서 "아멘"으로 끝나는 요한계시록 22장 21절에 이르기까지의 모든 말씀을 통해 하나님이 어떤 분이시고, 우리와 어떤 식으로 교류하시는지 그리고 우리를 얼마나 사랑하시는지 알 수 있게 하셨다. 그래서 어떤 사람들은 성경을 '하나님의 러브레터'라고 말하기도 한다.

단순한 정보를 얻기 위해 성경을 읽는 것과 계시적인 영감을 얻기 위해 성경을 읽는 것의 확연한 차이를 실감하려면 먼저 하나님과 인격적인 관계를 가져야 한다. 그러려면 우리의 죄를 회개하고, 예수님을 우리의 구원자로 영접하고, 하나님의 결정권 아래에서 살기로 결단함으로써 인격적인 관계를 맺어야 한다.

이때 경이로운 선물인 '성령'을 받게 된다. 그러면 우리 안에 계신 성령께서 우리에게 진리를 계시하시고, 성경 말씀에 생명력을 부여하신다. 예전에는 단순히 흥미롭게 읽었을지 모를 성경 구절이 현재 우리의 상황에 어떻게 연결되는지를 깨우쳐주신다.

'아, 이게 날 위한 말씀이구나.'

이는 성령께서 우리의 생각과 마음을 활짝 열어주실 때 가능하다.

🍁 하나님의 음성을 들으려면 성경을 읽어야 한다. 하나님께서는 성경을 통해 말씀하시기 때문에 우리는 규칙적으로 성경을 읽어야 한다. 하나님의 말씀은 살아 있고 활력이 있다(히 4:12). 하지만 시간을 내어 읽지 않으면 말씀의 능력의 도움을 받을 수 없다. 정보를 얻고 하나님에 대해 더 많이 알기 위해 성경을 읽는 것도 좋지만 하나님께 속한 것들을 더 많이 체험하고, 영감을 얻기 위해서 읽는 것도 필요하다.

단순히 정보를 얻기 위해 성경을 읽으면 역사책을 읽을 때처럼 연대와 인명과 지명과 시대 상황을 주목할 것이다. 성경 기자들의 당시 상황을 유추할 수 있는 당대의 문화를 이해하는 것은 바람직하다. 또 그렇게 읽으면 하나님의 성품과 방식에 대한 이해력이 높아져서 하나님께서 말씀하실 때 그분의 음성을 분별하는 데 보탬이 된다.

반면 영감을 얻기 위해 성경을 읽으면 하나님께 기도하면서 성경의 특정 구절에 다가갈 것이다.

"오늘 하나님께 말씀을 듣길 원합니다. 제가 하나님의 기록된 말씀을 읽을 때 제게 말씀하소서. 성경을 통해 제게 말씀하시고자 하는 것을 제가 깨닫게 하소서."

이렇게 기도하면서 매일 규칙적으로 성경을 읽으면 말씀이 성경책 밖으로 튀어나와 우리의 심령과 생각 속으로 들어가는 경이로운 체험을 할 수 있다. 그때 당신은 이렇게 말하게 될 것이다.

"하나님께서 성경 말씀을 통해 내게 이렇게 말씀하셨어!"

🍂 하나님의 음성을 듣고 싶다면 말씀에 순종하라. 성경 말씀에 기록
된 하나님의 지침에 기꺼이 순종해야 하나님의 음성을 들을 수 있다.
하나님께서는 당신이 무엇을 행해야 하는지 성경을 통해서 말씀하신
다. 그리고 그것에 순종할 때까지 인내하며 기다리셨다가 다른 무엇
을 또 말씀하신다. 오늘날 많은 사람들이 하나님의 침묵 때문에 괴로워
하는 까닭은 그들이 성령의 재촉하심과 자극에 합당하게 반응하여 순
종하기를 거부하기 때문이다. 하지만 순종하지 않으면 하나님의 음성
을 들을 수 없다.

성령의 역사하심에는 신기하고 오묘한 것들로 가득하다. 그러니 성
령의 역사하심에 당황하지 말라. 하나님은 성부이시며 성자이시며 성
령이시다. 하나님의 세 위격(位格)이 우리를 하나님과의 인격적인 관
계로 끌어당기기 위해 우리의 삶에 손을 뻗으신다. 성령께서는 우리
가 하나님과 인격적으로 관계를 맺기 시작할 때 우리 안에 거하기 위
해 오신다. 그리고 우리가 하나님의 기록된 말씀을 읽을 때 우리를 진
리로 인도하신다(요 16:13).

큰딸은 여섯 살 때 예수님께 자기 마음에 들어와 달라고 청했고, 세
례를 받음으로써 자신의 결단을 행동으로 옮겼다. 나는 아이가 자신
이 하고 있는 일이 무엇인지 이해하고 있는지 의심스러웠지만 막지는
않았다. '어린아이들이 예수님께 가는 것을 막지 말라'(막 10:14)는 말
씀을 통해 내게 말씀하시고 있다는 것을 알았기 때문이다.

아이가 초등학교 6학년이 된 어느 날, 내게 조심스럽게 말했다.

"어릴 때 세례에 대해 잘 알지 못하고 받았기 때문에 하나님께서 내가 다시 세례 받기를 원하시는 것 같아요."

그래서 나는 딸에게 다시 세례를 받자고 말했지만, 아이는 혹시 다른 사람들이 어떻게 생각할지 염려스럽다며 그 생각을 접었다. 이 이야기를 아빠에게는 하지 말 것을 부탁했고, 나도 더 이상 언급하지 않았다. 이 문제로 아이를 곤란하게 하고 싶지도 않았고, 그것은 하나님과 아이, 둘 사이의 문제라는 생각이 들어 끼어들지 않기로 했다.

열다섯 살이 되던 해, 아이는 친구들과의 갈등과 학업의 부담으로 힘들어했다. 그러던 어느 날, 아이가 자신의 스트레스와 좌절과 괴로움을 토로하면서 펑펑 울기 시작했다. 나는 그 문제들을 놓고 함께 기도하면서 하나님의 음성에 귀를 기울여보자고 격려해주었다. 그러자 내 격려에 아이는 뜻밖의 반응을 보였다.

"엄마! 나도 그렇게 하려고 노력했어요. 하지만 하나님께서는 엄마에게 말씀하시는 것처럼 제게 말씀하지 않아요. 아무리 기도하면서 간청해도 아무 말씀도 하시지 않아요."

그 말에 내 마음이 무너져 내렸다. 하나님께서 그 아이에게 침묵하시는 분명한 이유가 있다는 걸 잘 알고 있기 때문이었다. 하나님께서는 어떤 사람에게는 실제적인 하나님이 되시고, 또 어떤 사람에게는 그러지 않기로 작정하시는 분이 아니다. 무엇인가 잘못된 게 분명했다. 내가 아이에게 물었다.

"네가 생각하기에 마지막으로 하나님의 음성을 들었던 때가 언제인 것 같니?"

아이가 계속 눈물을 흘리며 대답했다.

"엄마도 알잖아요."

그 순간 아이의 초등학교 6학년 때가 떠올랐다. 어릴 때 영문도 모르고 세례를 받았기에 다시 세례를 받아야 할 것 같다고 아이가 말했었다. 그리고 그때 아이가 성령의 이끄심과 촉구하심을 외면한 것도. 나는 아이에게 말했다.

"미켈, 하나님께서는 우리가 어떤 것을 하기를 바라시는지 말씀해주시고 기다리신단다. 우리가 그 말씀에 순종하기를 기다리시는 거야. 우리가 순종하면 그 다음에 다른 말씀을 또 해주시지. 우리가 하나님의 음성에 순종하기로 결단할 때 하나님이 살아 계시고 우리 앞에 놓인 어려운 문제들을 능히 헤쳐 나갈 수 있도록 언제나 동행해주신다는 진리를 알게 된단다. 하지만 순종하지 않으면 하나님은 침묵하신단다. 그래서 순종하기로 마음먹기 전까지는 그분의 도움을 바랄 수 없는 거야."

아이는 내 말을 이해했고, 보름 뒤에 목사인 아빠에게 다시 세례를 받았다. 여전히 아이는 자기가 다시 세례 받는 것을 다른 사람들이 어떻게 생각할까 염려했고 당혹스러워했지만 하나님의 음성을 듣기 위해 순종했다. 그리고 세례 받던 날 친구들을 자신의 세례식 증인으로 초대했고, 예배가 끝난 뒤에 그들과 바비큐 파티를 했다. 나는 그런 딸의 모습이 세례를 받기 위해 예배당에 서 있었을 때보다 더 자랑스러웠다.

✿ 다른 사람들을 통해 말씀하신다. 예수님은 이 땅에 내려오셨을 때 열두 명을 택하여 제자로 삼으셨다. 그들은 3년 동안 예수님과 다니며 대화했고 함께 생활했다. 그중 열한 명은 그런 체험을 통해 오늘날까지 세상에 강력한 영향력을 끼치고 있는 운동을 시작했다.

예수님은 그들을 통해서 교회를 세우셨다. 예수님이 승천하신 직후에 그들은 하늘을 바라보며 그 자리에 서 있었다. 그때 천사 둘이 그들에게 나타나 하늘을 보고 있는 게 부질없는 일임을 깨우쳐주었다. 그리하여 그들은 예루살렘으로 돌아왔고, 기도하기 위해 한 다락방에 모였다. 사도행전 1장 15절에 120명의 남자와 여자들이 모였다고 말한다.

그들이 얼마나 오랫동안 기도했는지는 알 수 없지만 베드로가 그들 가운데 일어서서 말했다. 그는 그곳에 모인 사람들과 배신자 유다를 대신할 자를 택했다. 나는 이 사건을 하나님께서 베드로를 통해 그들에게 말씀하신 것으로 본다. 그날 이후로 하나님께서는 많은 남자와 여자들을 택하여 말씀을 전하게 하셨다. 매주 주일마다 강단에서 하나님의 말씀을 전하는 목회자들이 바로 그들이다. 우리 또한 다른 이들을 격려하기 위해 성경 구절이나 말씀을 인용할 때 그런 사람들이 된다.

때로 하나님께서 말씀하실 때 그것을 반복적으로 상기시키시는 방법에 나는 종종 감격하곤 한다. 나는 매일 아침 성경을 읽고 그중 특정한 말씀이 내게 주시는 거라는 걸 깨닫곤 한다. 한번은 대학생활로 힘들어하는 딸을 보면서 내 마음이 무거웠던 적이 있었다. 그러던 중 시편을 읽다가 이 말씀을 주목하게 됐다.

여호와를 의뢰하고 선을 행하라 땅에 머무는 동안 그의 성실을 먹을 거리로 삼을지어다 또 여호와를 기뻐하라 그가 네 마음의 소원을 네게 이루어주시리로다 시 37:3,4

나는 이 말씀을 읽으면서 미소를 지었다. 딸이 하나님과 동행하고 있기 때문이었다. 그 아이는 성경을 읽고, 기도하며, 대학생활을 잘할 수 있도록 힘이 되어줄 경건한 친구들을 찾았다. 나는 그 아이가 하나님을 의뢰하고, 선을 행하고 있다는 것을 알고 있었고, 하나님께서 그 마음의 소원을 이루어주실 거라고 확신했다. 나는 딸을 위해 기도한 후에 하나님께서 내게 어떤 말씀을 주셨는지 간략히 적어서 딸에게 메일을 보냈다.

몇 시간 뒤, 라디오 프로그램에 출연한 한 음악가가 자신이 어려움을 겪고 있을 때 하나님께서 시편 37편 3절과 4절 말씀으로 어떻게 위로하셨는지 간증했다. 그것을 들은 나는 그것이 내게 주신 말씀임을 확신했다. 그리고 점심 때 친구를 만나 최근 근황이 어땠는지 이야기를 나누었다. 그런데 친구가 시편의 그 말씀을 또 말하는 게 아닌가!

이런 일들이 일어날 때 당신이 하나님의 음성을 듣고 있다는 걸 분명히 알게 될 것이다.

🍁 찬양과 예배를 통해 말씀하신다. 하나님께서는 찬양과 예배를 통해서 우리와 교통하신다. 나는 우리 교회의 찬양 예배에 참석한 사람들이 하나님의 말씀을 듣길 갈망하며 눈물로 부르짖는 것을 자주 본

다. 그들의 눈물은 놓임과 구출됨을 갈망하는 눈물이다.

우리 교회는 하나님을 찬양하는 데 전념한다. 교회 성가대와 오케스트라는 공연을 하는 게 아니라 하나님의 임재하심을 구하며 찬양을 인도한다. 우리의 목소리가 높아지고 손을 들며 찬양할 때 하나님의 임재하심이 그곳에 충만해진다. 하나님께서 찬송 중에 계시다는 말씀 그대로이다(시 22:3).

어느 주일, 성가대의 은은한 찬양이 흘러나오는 동안 목사인 남편이 조용히 강단에 서 있었다. 그는 아무 말없이 무엇인가를 경청하고 있었다. 그런 침묵 속에서 성도들은 누가 먼저랄 것도 없이 성경을 큰소리로 읽기 시작했다. 그러자 교육목회자의 아들이 자신의 아버지에게 나지막하게 물었다.

"지금 하나님이 말씀하고 계신 거죠?"

하나님의 백성들이 하나님의 말씀을 큰소리로 말하고 있었고, 우리는 그런 예배를 통해 하나님의 음성을 듣고 있었다.

🍃 때로 환상을 통해 말씀하신다. 하나님께서는 때로 환상을 통해 우리와 교통하신다. 성경에 이와 같은 몇 개의 이야기가 있다. 그런 환상은 요셉과 바로처럼 꿈의 형태로, 몇몇 선지자들처럼 실제적인 경험으로 오기도 한다.

요엘서 2장 28절에서 젊은이들은 환상을 볼 것이고, 노인들은 꿈을 꿀 것이라고 말한다. 환상과 꿈은 하나님께서 우리와 교통하기 위해 통상적으로 택하시는 방식은 아니다. 그러나 꿈이나 환상을 통해 우리에게 말씀하실 때의 메시지가 성경 말씀과 일치한다는 것을 꼭 명심하길 바란다.

🌸 감사가 없으면 하나님의 음성을 듣지 못한다. 일상의 삶에서 감사의 태도를 갖지 않으면 하나님의 말씀을 듣지 못한다. "내 유리컵에 물이 반밖에 없네"라는 부정적인 시각만 갖고는 음성을 들을 수 있는 능력을 가질 수 없다. 바쁘고 고단한 삶의 무게에 짓눌리거나 교만하여 하나님의 신실하심과 사랑에 감사하지 못하면 그분의 음성을 듣기가 매우 어렵다.

바울은 하나님의 음성을 듣는 데 장애가 되는 이런 태도에 대해 로마 지역의 성도들에게 경고했다.

하나님을 알되 하나님을 영화롭게도 아니하며 감사하지도 아니하고
오히려 그 생각이 허망하여지며 미련한 마음이 어두워졌나니 롬 1:21

바울은 하나님을 영화롭게도 하지 않고 감사하지도 않은 사람들을 하나님께서 그들 마음의 정욕대로 더러움에 내버려두시어 서로의 몸을 욕되게 하셨다고 말하면서 그 이유를 "그들이 하나님의 진리를 거짓 것으로 바꾸어 피조물을 조물주보다 더 경배하고 섬겼기 때문"(롬 1:25)이라고 지적했다.

결국 그들은 비정상적인 욕구(동성애)를 갖게 되었고, 시기와 탐욕과 악행의 먹이가 되었으며, 살인과 분쟁과 협잡과 악의가 그들의 문화를

가득 채우게 되었다. 그들은 서로를 헐뜯고 뒤에서 수군거리며 오만 방자한, 하나님께서 미워하는 사람들이었다. 또한 악을 행하는 방법을 발명해낸 자들이요, 부모를 거역한 자들이요, 우매한 자들이요, 약속을 어기는 자들이요, 무자비한 자들이었다(롬 1:21-32). 중요한 사실은 이 모든 것들이 하나님을 영화롭게 하지 않고, 찬양하지 않고, 감사하지 않은 그들의 태도에서 비롯되었다는 점이다.

위의 여덟 가지 규칙은 하나님의 음성을 듣는 것과 관련된 가장 기본적인 것들이다. 또한 음성 듣기에서 가장 먼저 알려주고 싶은 중요한 내용들이다.

네 마음을
솔직하게 말해보렴

인생의 얍복 나루에 이를 때

하나님과 함께 어둠 속을 걷는 가장 좋은 점은 하나님을 아주 가까이에서 느낄 수 있다는 것이다. 어둠 속을 걸을 때는 밝은 데서 걸을 때와 달라서 안내자이신 하나님 바로 옆에서 걸어야 한다. 그래서 매 순간 안내자의 존재를 감지할 수 있을 만큼 가깝게 걸어가면서 앞에 나 있는 길을 느껴야 한다.

하나님의 선하심은 확신하지만 때로 어둠의 한가운데서 어디로 데려가시는지 알 수 없어 정말 혼란스러울 때가 있다. 그러면 야곱이 그랬던 것처럼 하나님을 꼭 붙잡고 더 이상 가시지 못하게 매달려야 한다.

이번 장에서는 진실을 말하는 데 어려움을 겪으며, 다른 이들을 조종하고 가족이나 친구들과 잘 어울리지 못하는 사람도 하나님께서 들어 쓰신다는 사실을 발견할 것이다. 또 하나님을 따를 때 그리 달갑지 않은 '얍복 나루'에 당도하게 될 수도 있다는 걸 배울 것이다. 그것은 하나님께 순종하면 당신과 사랑하는 주변 사람들의 삶에 재난이 닥쳐 오는 것처럼 보이고, 하나님께 받았다고 생각했던 꿈과 약속이 금세 사라질 안개처럼 보이는 그곳에 이를 수 있다는 것이다.

야곱은 씨름꾼이었다. 심지어 그는 어머니 배 속에 있을 때도 쌍둥이 형 에서와 씨름했다. 창세기는 야곱의 생애를 두루 보여주는 여정으로 우리를 데려가며, 그가 씨름을 멈춘 적이 없다는 것을 알려준다. 그는 자신이 원하는 것을 악착같이 얻어냈다. 남들을 조종하고 음모를 꾸며서라도 그것을 갖고야 말았다. 그렇다고 언제나 그가 승자가 된 것은 아니었다. 그 역시도 여러 차례 기만을 당했다. 때로는 자신의 수법으로 역습을 당하기도 했다.

그러나 야곱의 이야기 중에서 내 마음에 쏙 드는 부분이 있는데, 바로 얍복 나루에서 하나님과 씨름하여 이긴 것이다. 그 부분을 유독 좋아하는 이유는 나 역시도 하나님께 찰싹 달라붙어 축복을 구하면서 씨름하기를 원하기 때문이다. 하나님의 음성을 듣는 것에 관심이 있다면 자신의 삶에서 하나님의 축복을 체험하는 것에도 관심이 있을 것이다.

야곱의 생애

야곱의 씨름을 보기 전에 그를 그곳까지 데려간 체험들을 살펴보자.

창세기 25장부터 31장까지는 야곱의 씨름 기술에 대한 훑어보기를 제공한다. 25장에서 야곱은 형 에서의 발뒤꿈치를 붙잡고 태어난다. 야곱은 그 씨름에서 패하여 동생으로 태어났지만 이후에 자기 형의 발뒤꿈치를 한순간도 놓지 않았다. 장성한 후 야곱은 형 에서를 꾀어 장자 상속권과 팥죽 한 그릇을 바꾸자고 제안한다.

이 거래는 장기간의 이득을 한순간의 배부름과 바꾸려는 에서의 어리석음으로 성사되었다. 에서는 팥죽 한 그릇을 얻는 대신에 아버지의 땅을 동생보다 두 배나 더 많이 물려받을 수 있는 권리와 태생적으로 자신의 것인 맏아들의 권리를 상실한다.

27장에서 야곱은 불공정한 거래를 성사시킨 뒤 에서를 속여 그에게 돌아갈 아버지의 축복마저 가로챈다. 맏아들 에서를 위해 의도된 이삭의 축복은 하나님의 은총을 자신의 맏아들에게 물려주는 중요한 의미를 가진다. 이삭은 자신의 아버지인 아브라함에서 시작되어 자신에게 물려진 하나님과의 특별한 언약의 관계를 이어나갈 후계자로 에서를 지명할 작정이었다. 그러나 야곱은 변장을 하고 눈이 어두운 아버지를 속이고 형에게 부어질 축복을 가로챈다.

그날 이삭의 집에서 어떤 소동이 일어났을지 상상해본다. 우리가 그들의 이웃이었다면 이삭의 집에서 흘러나오는 분노의 고함과 에서의 후회 섞인 한숨을 들었을 것이다. 에서는 동생과의 거래를 후회했지만 자신이 장자 상속권을 허망하게 팔아넘긴 것이 결국은 자신의 허물임을 알고 있었다. 하지만 그는 동생이 아버지를 속여서 자신에게 돌아올 축복까지 도둑질했다는 사실에 분개하여 그를 죽일 음모를 꾸민다(창 27:41). 이 일로 야곱은 피난길에 올라야 했다.

29장에서 야곱은 '뿌린 대로 거둔다'는 말처럼 자신의 외삼촌 라반의 책략에 속아 넘어간다. 야곱은 라반의 둘째 딸 라헬과 결혼하기 위해 그의 집에서 7년을 일했지만 삼촌의 계략에 넘어가 첫째 딸 레아와 혼인한다. 야곱이 이를 따지자 라반은 7년을 더 일하면 라헬을 아내로 주겠다고 약속한다.

결혼식에서 신부가 면사포로 가리는 전통은 고대의 중매결혼 제도에서 유래됐다. 결혼식 날 신랑이 신부의 얼굴을 보고 결혼을 거부하는 일을 막기 위해서 신혼 첫날밤을 치를 때까지 신부의 얼굴을 면사포로 가린 것이다. 이에 반해 유대 문화에서는 남자가 자신의 신붓감을 선택하는 것을 용인했다. 그래서 유대인들의 결혼식에서는 신랑이 신부의 얼굴을 확인할 수 있도록 직접 신부의 얼굴에 면사포를 씌워준다. 역사가들은 구약시대에 라반이 야곱에게 한 행동 때문에 그런 전통이 시작되었다고 말한다.

30장에서 야곱은 라반과 다시 거래를 했고, 자신의 재산을 최대한 늘리기 위해 양과 염소 사육에 관한 지식을 활용했다. 31장에서 야곱은 외삼촌 라반과 그의 아들들과 오랜 세월을 함께 살았지만 가족 간의 유대가 그리 공고하지 못해 긴장 관계를 형성한다. 라반과 그의 아들들은 욕심이 많아 야곱의 재산이 늘어나는 것에 분개했다. 야곱을 대하는 그들의 태도가 이전과 같지 않자 야곱은 그곳을 떠나 오래전에 에서를 피해 도망쳤을 때 하나님께서 그에게 주시겠다고 약속하신 땅으로 돌아가기로 결심한다.

하나님의 선택을 받음

우리가 보기에는 야곱이 약삭빠른 사기꾼 같지만 하나님께서는 그를 아브라함에게 약속하신 축복의 계승자로 택하셨다. 하나님께서 그에게 주신 약속은 창세기 28장 10-22절에 기록되어 있다.

창세기 28장에 나오는 야곱은 이미 형을 속여 장자 상속권을 빼앗고, 아버지를 속여 장자의 축복을 가로챈 뒤였다. 그는 알고 있던 모든 것들을 남겨놓고 피신하는 중이었다. 그 구절에 기록된 하나님의 약속들을 차근차근 읽어보라. 그리고 그런 약속들을 생전 처음 듣는 야곱의 심정이 어땠을지 상상해보라.

야곱은 돌을 베고 누웠을 때 목숨을 부지하기 위해 피신하고 있었고, 어쩌면 이 땅에서 다시는 못 보게 될지도 모르는 부모와 헤어진 슬픔에 잠겨 있었다. 아마 그는 자신이 저지른 모든 일들을 생각했을 것이고, 그것들은 그의 여정을 더 외롭게 했을 것이다. 죄책감과 후회와 부끄러움이 그의 영혼을 가혹하게 고문했을 것이며, 발바닥에 잡힌 물집과 베개 삼아 베고 있는 돌은 그 고통을 천만 배나 더 증폭시켰을 것이다.

그런 그가 피곤함에 지쳐 잠들었을 때 꿈에서 하나님의 음성을 듣게 된다. 아마 그는 형을 기만하고 아버지를 속인 자신의 행위에 대한 하나님의 공의로운 진노와 책망을 예상했을 것이다. 그러나 그가 받은 것은 경이롭고 강력한 약속이었다. 하나님께서 인간과 언약의 관계를 맺기 위해 택하신 특별한 가족의 일원이라고 야곱에게 확인시켜주신 뒤에 다음과 같이 약속하셨다.

'너와 네 자손들에게 이 땅을 주겠다(13절), 네게 많은 자손들을 주겠다, 땅에 있는 모든 사람들이 너와 네 자손들을 통해 복을 받을 것이다(14절), 너와 함께하겠다. 네가 어디로 가든지 지켜주겠다, 너를 이 땅으로 돌아오게 하겠다, 네게 약속한 것들을 다 이룰 때까지 너를 떠나지 않겠다(15절).'

야곱은 탐욕이 넘치는 욕심쟁이이고, 약삭빠른 사기꾼이며, 다른 이들을 조종하고 자신을 가장 중요하게 생각하는 사람이었다. 하나님께서 그런 사람을 택하여 들어 쓰실까? 아마 아닐 것이다. 그러나 이 이야기에서 하나님께서는 야곱을 택하셨다.

그는 매우 특별한 밤을 보낸 다음 날 아침, 꿈속에서 하나님을 만났던 그곳을 '두려운 곳'이라고 칭했다(창 28:17). 베개로 삼았던 돌을 기둥으로 삼아 제단을 세웠고, 그 돌에 기름을 부음으로써 하나님을 예배했으며 그곳을 '하나님의 집'이라는 뜻의 '벧엘'이라고 불렀다. 그는 형을 피해 급히 도망쳤지만 그것이 자기를 하나님의 집으로 곧장 인도했다고 믿었다.

그리고 하나님을 만난 일생일대의 순간에 반응하여 엄청난 한 가지를 하나님께 약속했다. 자기를 지켜주시고, 먹을 것과 입을 것을 공급해주시고, 장차 언젠가 고향으로 안전하게 돌아갈 수 있게 해주시면 십일조를 신실하게 바치겠다고. 당시 야곱이 얼마나 겸손하게 하나님을 경외하는 마음으로 돌 옆에 무릎을 꿇고 있었을지 생생하게 느껴진다. 그 꿈은 분명 야곱의 머리에 뚜렷한 그림 한 폭을 그려주었다. 아마 그는 그 이후부터 죽을 때까지 그 돌을 결코 잊지 못했을 것이다. 외삼촌 라반을 위해 일한 오랜 세월 동안 그의 목초지에서 돌을 베고 잘 때마다 하나님의 경이로운 약속이 이루어질 날을 꿈꾸었을 것이다.

약속의 장애물

우리가 하나님과 씨름하는 것은 하나님께서 약속하신 것들이 이루어질 것을 간절히 고대했지만 아무 일도 일어나지 않기 때문이다. 우리는 야곱과 마찬가지로 성경에서 읽은 말씀이나 하나님과 관련된 체험에 소망의 닻을 내린다. 많은 사람들은 자신의 소망과 꿈을 하나님의 사랑의 금고에 맡기고, 예레미야서 29장 11절 말씀으로 봉인한다.

"여호와의 말씀이니라 너희를 향한 나의 생각을 내가 아나니 평안이요 재앙이 아니니라 너희에게 미래와 희망을 주는 것이니라."

야곱은 외삼촌 라반의 집에서 보낸 인고의 세월 동안 벧엘에서 꾸었던 꿈을 한순간도 잊지 않았을 것이다. 그것은 하나님께서 야곱의 가슴에 채워주신 꿈이었다. 결국 그 꿈은 야곱으로 하여금 중대한 결단을 내리게 해준다. 마침내 그는 가족들과 가축들을 데리고 외삼촌에게서 도망쳤고, 라반은 그의 뒤를 추격했다. 라반에게 따라잡히자 야곱은 과거 일들을 하나하나 짚어가면서 자신의 심정을 토로한다(창 31:38-42).

야곱은 라반이 자기를 속이고 부당하게 대우하고 자기 삶을 고단하게 했다며, 자신이 이룬 부(富)는 정당하게 받은 자신의 몫이고, 하나님의 돌보심 덕분이라고 설명한다. 라반을 그런 야곱이 마땅치 않은 듯 불평하면서 자신의 처지를 한탄하지만 서로 언약을 맺는 것으로 끝낸다. 서로 좋게 헤어지자고 맹세했고, 다시는 서로에게 해를 입히지 않기로 약조한다. 라반이 자신의 딸들과 손자들과 작별 인사를 하고 쓸쓸히 집으로 돌아가는 장면은 다소 슬프게 느껴진다.

이야기는 계속되어 창세기 32장으로 이어진다. 야곱은 외삼촌과의 썩 유쾌하지 않은 대면과 작별 직후, 오래전에 사이가 틀어져버린 에서의 분노를 맨몸으로 감당해야 할지도 모를 상황에 직면한다. 자신을 추격해오는 외삼촌과의 만남도 매우 두려웠지만 에서와의 피할 수 없는 만남이 한 걸음씩 다가올수록 느꼈을 공포에 비하면 아무것도 아니었다. 외삼촌과의 관계에서 그는 피해자였지만 에서와의 관계에서는 누가 보아도 자신이 명백한 가해자였기 때문이다.

여기서 질문이 하나 생긴다.

"야곱은 무엇 때문에 에서에게 돌아갈 생각을 했을까?"

야곱은 어디든지 갈 수 있었다. 그런데 왜 하필이면 에서의 손에 들린 복수의 칼날 아래로 돌진하려고 했을까? 이는 꿈속에서 하나님을 만났을 때 들었던 메시지 때문이었음이 틀림없다(창 28:11-15). 에서를 피해 도망치던 야곱이 들판에서 돌 하나를 베고 누웠을 때 하나님께서는 그의 장래에 관한 그림을 보여주셨다. 거기에는 그가 누운 땅이 그의 소유가 될 거라는 약속이 포함되어 있었다.

이처럼 하나님께서 우리의 심령과 생각에 어떤 그림을 그려주실 때 마음에 품고 있는 것이 생생한 현실로 나타나야만 우리는 비로소 온전히 만족한다. 당신의 지난 삶을 되짚어 볼 때 하나님께서 당신의 소망과 꿈을 이루어주실 거라고 확신했던 적이 있을 것이다. 그때는 정말 순전한 심령으로 하나님을 믿었지만 지금은 그 소망과 꿈을 이루는 데 장애가 되는 어떤 사람이나 상황으로 인해 두려워하면서 한 걸음씩 나아가고 있을지도 모른다.

하지만 하나님께서 지금까지 당신을 인도해주셨고, 그분께 받은 약속과 성취 사이를 가로막는 사람이나 상황의 저편에 당신을 위한 보화를 숨겨놓으셨다는 것을 확신하기에 기꺼이 과거의 잔해들을 마주하고자 하는 마음을 갖고 있을지도 모른다.

우리는 창세기 32장에서 얍복 나루에 우두커니 서 있는 야곱을 발견한다. 하나님께서 주신 땅의 소유와 번영과 많은 자손들에 둘러싸여 나루 저편을 응시하고 있다. 건너기만 하면 그토록 그리던 고향이다. 그는 지팡이 하나를 들고 혈혈단신으로 고향을 등졌다가 20여 년 만에 많은 가족들과 가축들을 이끌고 금의환향하는 중이지만 불안한 기색이 역력하다. 그는 자신의 형 에서에게 하인들을 먼저 보내 자신을 너그러이 봐달라고 간청한다. 그러나 잠시 후에 하인들이 돌아와서 에서가 이쪽으로 오고 있다고 보고한다. 그것도 혼자 오는 것이 아니라 400명의 장정을 거느리고 온다는 오싹한 소식을 전한다.

어쩌면 당신도 이와 같은 상황에 처해 있을지도 모른다. 오래전에 하나님께서 그려주셨던 그림을 갖고 있을지 모른다. 야곱처럼 과거에 실수를 저질렀을지 모르고 그 실수로 가족들과의 관계에 금을 냈을지도 모른다. 두려움에 사로잡혀서 익숙하던 모든 것들에서 급히 도망쳐야 했던 적이 있을지도 모른다.

물론 야곱과 같은 상황이 아닐 수도 있다. 어쩌면 내 경우처럼 네바다 사막에 앉아 석양을 바라보면서 당신의 삶을 하나님께 의탁했을지도 모르고, 하나님께서 합당하다고 생각하시는 것들로 당신의 삶을 가득 채워주실 거라고 확신했을지도 모른다. 하나님의 선하심과 은혜만을 체험했기에 굳은 마음으로 하나님을 신뢰했을지도 모른다.

지금 당신이 실수를 저지르고 도망치는 중이든지, 아니면 믿음으로 걷고 있는 중이든지 하나님께서는 당신의 삶에 관한 그림을 그려주셨을 것이고, 그것에는 그분의 약속과 계획과 선한 것들이 가득할 것이다. 그렇지만 어떤 상황이 그 모든 것들을 파괴하겠다고 위협하고 있다면 당신은 과연 어떻게 할 것인가? 야곱은 기도했다.

솔직한 울부짖음

당시 야곱이 드렸던 기도는 하나님과 씨름하기 위해 자세를 취하고 있는 우리에게 좋은 본보기가 된다. 그러나 그가 온전한 확신 속에서 무릎을 꿇은 게 아니다. 사실 그의 기도는 보이지 않는 것들에 대한 확신에 닻을 내린 '큰 믿음의 기도'가 아니었다. 야곱의 기도는 자기를 위해 약속을 이행해달라고 하나님께 매달리는 솔직한 울부짖음이었다.

야곱이 또 이르되 내 조부 아브라함의 하나님, 내 아버지 이삭의 하나님 여호와여 주께서 전에 내게 명하시기를 네 고향, 네 족속에게로 돌아가라 내가 네게 은혜를 베풀리라 하셨나이다 나는 주께서 주의 종

에게 베푸신 모든 은총과 모든 진실하심을 조금도 감당할 수 없사오
나 내가 내 지팡이만 가지고 이 요단을 건넜더니 지금은 두 떼나 이루
었나이다 내가 주께 간구하오니 내 형의 손에서, 에서의 손에서 나를
건져내시옵소서 내가 그를 두려워함은 그가 와서 나와 내 처자들을
칠까 겁이 나기 때문이니이다 주께서 말씀하시기를 내가 반드시 네게
은혜를 베풀어 네 씨로 바다의 셀 수 없는 모래와 같이 많게 하리라 하
셨나이다 창 32:9-12

나는 단도직입적이고 솔직한 이 기도를 정말 좋아한다. 또한 하나
님의 말씀으로 가득해서 좋다. 이 기도를 좀 더 자세히 살펴보자.

야곱은 하나님이 누구인지 기억했다. "내 조부 아브라함의 하나님,
내 아버지 이삭의 하나님… "(9절). 야곱은 전에 하나님께서 자기에게
무엇을 하라고 말씀하셨는지 그리고 자기가 그 말씀에 순종하면 무슨
일들이 일어날 거라고 약속해주셨는지를 상기시켜드렸다. "네 고향,
네 족속에게로 돌아가라 내가 네게 은혜를 베풀리라 … 내가 반드시
네게 은혜를 베풀어 네 씨로 바다의 셀 수 없는 모래와 같이 많게 하리
라"(9,12절).

야곱은 하나님께서 이미 자기를 위해 해주신 일들을 인정했다. "나
는 주께서 주의 종에게 베푸신 모든 은총과 모든 진실하심을 조금도
감당할 수 없사오나 내가 내 지팡이만 가지고 이 요단을 건넜더니 지
금은 두 떼나 이루었나이다"(10절). 야곱은 자신의 두려움을 솔직히 자
백했다(나는 야곱의 이런 정직한 모습이 정말 좋다). "내 형의 손에서, 에서

의 손에서 나를 건져내시옵소서 내가 그를 두려워함은 그가 와서 나와 내 처자들을 칠까 겁이 나기 때문이니이다"(11절). 야곱은 하나님의 약속에 닻을 내린 믿음을 고백했다. "주께서 말씀하시기를 내가 반드시 네게 은혜를 베풀어 네 씨로 바다의 셀 수 없는 모래와 같이 많게 하리라 하셨나이다"(12절).

지금 당신이 하나님의 약속을 붙잡고 믿음으로 분발하고 있지만 그 약속을 파괴하겠다고 위협하는 환경에 위축되어 얍복 나루 옆에 서 있는 것처럼 느껴진다면 야곱처럼 기도하길 바란다.

- 하나님께서 누구인지 기억하라.
- 하나님께서 당신에게 무엇을 하라고 말씀하셨는지, 당신이 그 말씀에 순종하면 어떤 일들이 일어날 거라고 약속해주셨는지를 하나님께 상기시켜드려라.
- 하나님께서 이미 당신을 위해 행해주신 모든 것들을 인정하라.
- 당신의 두려움을 망설이지 말고 자백하라. 하나님께서는 당신을 당신보다 더 잘 알고 계신다.
- 당신의 믿음을 고백하라. 그것을 하나님의 약속에 단단히 붙들어 매라.

야곱의 이 기도를 당신의 기도의 모범으로 삼을 때 곤경 속에서 이끄시는 하나님의 평화를 체험하게 될 것이다.

때로는 씨름하듯
간절하게

매우 드문 친밀함

야곱의 기도는 훌륭한 기도이다. 하나님께서 당신에게 하신 약속을 말씀드리고 주장하면서 기도드리는 것은 언제나 좋다. 하나님께서는 우리가 약속을 이루어달라고 간청하는 것을 좋아하신다. 그러나 때로 나는 기도를 다 끝마쳤는데도 여전히 두렵고, 혼란스럽고, 불안한 느낌에 사로잡히곤 한다. 심지어 하나님의 말씀을 붙잡고 기도했을 때도 마찬가지다. 하나님께서 언제나 기도시간에 임하시어 내 두려움을 제거해주시진 않기 때문이다. 기도할 때마다 하늘의 양피지에 기록된 말씀을 보내셔서 확신을 주시면 좋겠지만 그렇게 하지 않으신다.

엘리사 선지자의 시종은 마침내 눈이 뜨여 하나님의 불말과 불병거가 산에 가득한 것을 보았지만(왕하 6장), 내 눈은 "아멘!" 소리가 끝난 뒤에도 뜨일 기미를 보이지 않는다. 기도를 끝마치고 눈을 떠도 내 문제와 근심거리만 보일 뿐 하나님의 불말이나 불병거들은 보이지 않는다.

나는 야곱의 기도 이후에 이어진 이야기들을 좋아한다. 그가 이 훌륭한 기도를 끝마쳤을 때 느낀 느낌이 내가 기도를 끝마친 뒤에 종종 느끼는 것과 매우 흡사하기 때문이다. 야곱은 기도를 끝마치고 자기 형과의 피할 수 없는 대면에 대비하기 위해 자신이 할 수 있는 모든 것들을 다했다. 에서의 분노를 달래기 위해서 예물을 보냈고, 그가 자기 가족들을 공격하면 일부라도 피할 수 있도록 가족들을 두 패로 나누었다. 야곱은 자신이 할 수 있는 일을 다했다. 기도했고 준비했다. 그러나 최악의 사태를 우려했다. 모든 준비들을 마쳤지만 두려움은 여전히 사라지지 않았고, 그는 보장된 승리를 향해 한 발짝도 더 가까이 가지 못했다. 그래서 그는 씨름을 했다.

> 야곱은 홀로 남았더니 어떤 사람이 날이 새도록 야곱과 씨름하다가 자기가 야곱을 이기지 못함을 보고 그가 야곱의 허벅지 관절을 치매 야곱의 허벅지 관절이 그 사람과 씨름할 때에 어긋났더라 그가 이르되 날이 새려 하니 나로 가게 하라 야곱이 이르되 당신이 내게 축복하지 아니하면 가게 하지 아니하겠나이다 창 32:24-26

야곱은 누구와 씨름을 했던 것일까? 그는 하나님과 씨름을 했다. 하나님께서 인간의 형상으로 직접 나타나셨든지 아니면 천사를 보내셨든지, 그는 직접 씨름을 했다. 그것은 하나님과 야곱의 씨름이었다.

어떤 학자들은 야곱이 하나님과 '신체적' 방식으로 씨름을 했다고 믿는다. 다른 학자들은 야곱이 하나님을 나타내는 천사와 씨름을 했다고 믿는다. 성경은 야곱의 상대자가 '어떤 사람'이었다고 말한다. 그러나 일반적인 사람은 단순한 터치로 누군가의 허벅지 관절을 어긋나게 할 수는 없다. 야곱이 어떤 사람과 밤새도록 씨름을 했다면 그는 야곱과 비슷한 체격을 갖고 있어야 한다. 그 안에 하나님이 존재하셨다고 믿는 사람들은 29절과 30절을 주목하라고 말한다.

야곱이 청하여 이르되 당신의 이름을 알려주소서 그 사람이 이르되 어찌하여 내 이름을 묻느냐 하고 거기서 야곱에게 축복한지라 그러므로 야곱이 그곳 이름을 브니엘이라 하였으니 그가 이르기를 내가 하나님과 대면하여 보았으나 내 생명이 보전되었다 함이더라

야곱은 자신이 그렇게 특별한 방식으로 하나님을 대면한 것이 기적이라는 것을 깨달았다. 하나님을 대면하고서도 살아남을 수 있는 것은 매우 드문 친밀함의 표현이다. 후대에 모세는 하나님의 얼굴을 뵐 기회를 간청했지만 하나님께서는 그의 청을 들어주지 않으셨다(출 33:18-20). 그때 하나님은 자신의 얼굴을 보고도 살아남을 수 있는 사람은 아무도 없다고 말씀하셨다. 야곱은 그것을 잘 알고 있었고, 하나님과 대면했을 때 자신을 아주 낮게 낮추었다.

야곱이 천사와 씨름을 했다고 믿는 사람들은 하나님의 거룩하심을 주목하라고 말한다. 하나님은 지극히 거룩하시므로 자신을 인간과 분

리시키신다. 그러므로 야곱과의 인격적인 접촉을 위해 자신의 대리자인 천사를 보내신 게 분명하다는 것이다.

만약에 야곱의 상대가 천사였다면 자신의 정체를 야곱에게 밝히지 않은 것인데 그런 경우는 성경에서 매우 드물다. 또한 야곱의 상대를 천사로 보더라도 그가 하나님의 임무를 받아 온 것이고, 하나님을 온전히 나타냈다는 것 외에 다른 의미가 있는 것도 아니다. 호세아서 12장 4절은 야곱의 씨름 상대를 '천사'라고 칭한다. 그러나 호세아 선지자는 '천사'라는 단어와 '하나님'이라는 단어를 번갈아가며 사용한다(호 12:3,4).

나는 하나님께서 인간의 형상을 취하셔서 야곱과 씨름한 거라고 믿는다. 그러나 하나님께서 천사를 보내시어 그 임무를 수행하게 하신 거라고 주장하는 사람들에게 굳이 반박하고 싶지 않다. 그들의 견해를 취해도 큰 무리가 없기 때문이다. 내가 이 이야기에서 더욱 놀랍게 여기는 것은 야곱이 초자연적인 존재에 필적할 수 있었다는 점이다.

어떻게 그럴 수 있었을까? 이 질문에 대한 유일한 설명은 야곱의 씨름 상대가 그와 동등한 조건에서 씨름하기 위해 자신의 초자연적인 힘을 제한하기로 선택했든지, 아니면 그의 힘을 초자연적으로 중대시켜 자신과 씨름할 수 있게 했든지 둘 중 하나이다.

거룩한 겨루기

미국의 목회자이며 영성 작가인 벤 패터슨(Ben Patterson)은 야곱과 하나님의 씨름에 대해 다음과 같이 말한다.

"하나님께서는 이런 씨름을 좋아하신다. 인간과 인간의 씨름은 분노가 치밀어 적이 만들어질 뿐 선한 것들이 나오지 않는다. 인생이나 일과의 씨름으로 숙면을 취하지 못하고 궤양이 생겨날 뿐 선한 것들은 나오지 않는다.

'너희가 일찍이 일어나고 늦게 누우며 수고의 떡을 먹음이 헛되도다'(시 127:2). '수고'는 부질없는 씨름을 일컫는 또 다른 단어이다. 수고하지 말라. 대신 기도하는 가운데 그것을 하나님께 가져가라. 사람들이나 환경과 씨름하지 말고 축복을 구하면서 하나님과 씨름하라.

하나님을 거부한다는 의미에서 저항하면 어떤 악도 물리치지 못할 것이다. 그러나 하나님께 더욱 가까이 간다는 의미에서 저항해보라. 당신의 약함뿐만 아니라 강함을 다해 하나님께 찰싹 달라붙으면 힘을 주실 것이다. 하나님과 씨름하기 위해 당신을 그분의 품에 던져라. 그분은 그런 거룩한 겨루기를 좋아하시며 당신을 손쉽게 들어 올리실 것이다. 그리고 당신을 땅에서 들어 올려 믿음의 선한 싸움을 하는 이들에게 상급으로 주시는 신령한 장소에 내려놓으실 것이다."

심히 연약하고 겁 많고 하나님 앞에서 속수무책인 인간 대 하늘의 궁극적인 능력이신 전능하신 하나님과의 씨름, 얼마나 경이로운가! 자기 형은 그렇게 무서워하던 야곱이 전능하신 하나님과의 씨름은 주저하지 않았다는 게 흥미롭지 않은가! 탐욕스러운 인간의 이기적 야망에 젖어 있던 야곱은 외삼촌 라반을 위해 일하면서 살아온 20년의 세월 동안 하나님과의 씨름을 서슴지 않을 만큼 하나님께 가까이 가 있었다.

나는 야곱의 씨름 상대였던 '어떤 사람'을 천사로 보는 입장은 아니지만, 야곱과 하나님의 씨름에 관한 로널드 던(Ronald Dunn, 미국의 목회자, 영성 강사)의 의견에는 동의한다.

"야곱이 힘이 세서 천사를 꼼짝 못하게 할 수 있었다고 생각하는가? 그것은 야곱이 승리하도록 정해진 싸움이었다. 나는 천사가 야곱에게 '나로 가게 하라!'라고 말했을 때 다른 한편으로는 '하지만 나를 절대 놓지 마라. 조금만 더 붙잡고 매달려라. 그러면 축복을 얻을 것이다!'라고 나지막이 속삭였을 거라고 생각한다."

우리는 의지할 곳도, 기댈 사람도 하나 없는 상황에 처하지 않으면 하나님께 매달리지 않는다. 2년 전에 대장암 진단을 받았을 때 나는 '암'과 '죽음'을 동의어로 받아들였다. 하지만 의사들은 현대의학이 고도로 발달했기 때문에 암에 걸렸다고 다 죽는 건 아니라고 말했다.

암 진단을 받았어도 살 수 있다. 나는 그것을 입증하는 살아 있는 증거이다. 사실 나는 암 발병 기간이 매우 짧아 약간 당황했다. 2010년 3월 1일에 암 진단을 받아 한 차례 수술을 하고, 3월 26일에 암이 제거되었다는 판정을 받았다. 그러나 나는 누구든지 일단 암에 걸리면 암 전문의에게 장기간 진료를 받아야 한다는 것을 알게 되었다. 왜냐하면 암 진단 후에 완치 판정을 받을 때까지 3개월에서 6개월에 한 번씩 정기적으로 검진을 받아야 한다고 종양전문의들이 조언했기 때문이다.

얼마 전, 정기검진을 마치고 병원 대기실에 앉아 있었다. 의사가 CT(컴퓨터 단층 촬영) 결과도 이상이 없고 혈액 농도도 정상이라면서 완치 판정을 내려주기를, 내 생활계획표에서 '병원 가기' 항목을 완전히 지울 수 있기를, 또 이제는 정기검진을 받으러 병원에 오지 않게 되기를 고대하면서 진료를 기다리고 있었다. 그때 의사가 나를 불렀다.

"CEA 수치(태아성 암 항원 수치)가 엄청나게 증가했어요!"

"얼마나요?"

"세 배 정도 올라갔어요."

"네?"

나는 인정할 수가 없었다.

'어떻게 이런 일이 있을 수 있을까? 나는 분명히 암을 치유받았고 건강해졌는데…. 이렇게 정기검진을 받으러 오는 것은 그저 형식적인 절차를 따르는 것이지 잘못되었다는 진단을 받기 위해서가 아니야.'

그리고 내가 살아야 할 이유들을 짚어보기 시작했다.

'큰딸과 외손녀에게는 아직 내가 필요해. 작은딸은 다른 대학으로 편입을 고려하고 있어. 그 아이에게도 내가 필요해. 내 아들은 아직 고등학교도 졸업하지 못했어. 그에게도 내가 필요해. 남편에 대해서는 말할 것도 없어. 내가 없으면 아무것도 하지 못할 텐데….'

의사들은 내 간(肝)에서 거무스름한 부분을 발견했고, 암의 재발로 추정하고 있다. 그래서 나는 간 절제 수술을 상담받아야 한다. 의사들은 그 부분만 도려내면 되기 때문에 큰 문제가 아니라고 하지만 간을 반이나 절제해야 하는 내게는 매우 큰 문제였다.

두 가지 종류의 씨름

나는 하나님과 씨름하고 있다. 나의 주인(Lord)이시며 구원자(Savior)이신 하나님의 주권적인 손이 결정하지 않았다면 암 항원 수치나 간의 거무스름한 부분이 존재할 수 없다는 것을 잘 알기에 간절한 마음으로 간청하고 있다. 나는 좀 더 살면서 몇 권의 책을 더 쓰기를 원하기에 지금 하나님을 단단히 붙잡고 있다.

내게 암은 얍복 나루이다. 나는 혼자다. 물론 남편이 병원까지 동행해주고 혹시 수술을 받게 되면 극진히 간호해주겠지만 병을 고쳐주지는 못할 것이고, 내가 세상을 떠나게 돼도 함께 동행해주지는 못할 것이다. 그런 점에서 나는 혼자다. 그리고 나는 하나님의 자비에 나 자신을 온전히 던지고, 나를 축복하시기 전까지는 절대 보내주지 않겠다고 꽉 붙들고 늘어지는 것 외에는 다른 선택권이 없다.

당신도 지금 하나님과 씨름하고 있는가? 어떤 문제가 당신을 압박하여 하나님과 씨름을 하게끔 만들고 있는가? 엇나간 자녀, 남편의 중독, 당신의 알코올 중독, 나와 같은 암 진단, 불임, 노모의 치매, 외로움, 우울증이나 분노 등 어떤 문제들이 당신을 압박하든지 간에 하나님의 품에 안기기만 하면 그분의 음성을 들을 수 있을 거라고 믿어 의심하지 않는다.

하나님을 꽉 붙잡아라. 축복해주시기 전까지는 놓지 말라. 그리고 기억하라. 하나님께서는 이런 거룩한 싸움을 좋아하신다.

우리와 하나님의 씨름은 대체로 두 종류로 나뉜다. 하나는 하나님께서 축복해주실 때까지 붙잡고 놓지 않는 것이고, 다른 하나는 우리 자신의 주장이나 해결책이나 권한이나 야망을 포기하기를 거부하는 것이다. 후자의 경우, 우리와 하나님의 씨름은 주도권 쟁탈의 양상을 띤다. 그리고 우리가 하나님과 주도권 다툼을 할 때 두 가지 결과가 필연적으로 발생할 수밖에 없는데, 하나는 하나님께서 언제나 승리하신다는 것이고, 다른 하나는 우리가 처참하게 패배하여 진흙탕에 처박히게 된다는 것이다.

나도 하나님과 주도권 쟁탈을 한 적이 있다. 그것에는 미묘한 요소들이 있어서 우리가 하나님과 주도권 싸움을 하고 있다는 사실을 파악하기가 매우 어렵다. 야곱이 그랬던 것처럼 축복해주실 때까지 하나님을 붙잡고 있었다고 생각했다. 그러나 사실은 내 방식대로 축복해주시기를 원하여 하나님과 씨름하고 있었다.

몇 년 전에 내 블로그에 이런 잘못된 씨름에 대해 쓴 적이 있다.

제목: 하나님을 상대로 한 나의 싸움

지난 몇 개월 동안 블로그에 올린 내 글들을 읽은 사람이라면 내가 지금 인생의 어두운 골짜기를 지나면서 기도하고 있다는 것을 알 것이다. 나는 그 골짜기에서 중요한 것을 배웠다. 내가 두 가지 전선(戰線)에서 싸우고 있다는 것이다. 하나는 내 가슴을 산산이 부서트린 환경과 싸우는 전선이고, 다른 하나는 하나님과 싸우는 전선이다. 내 영적 전투에는 하나님과의 관계와 관련된 갈등이 포함되어 있다. 나는 하나님을 사랑하고 섬기는 것에는 갈등이 없다. 그러나 현재의 상황에서 하나님의 주권을 받아들이는 데는 심한 갈등을 느끼고 있다.

그러면서 내 영적전투의 또 다른 전선인 내 환경과의 싸움에 타당하다고 여겨지는 경계선을 정했다. 나는 지난 6월, 사탄이 어떤 경계선을 넘지 못하게 막아달라고 하나님께 청했다. 그러나 그런 간청을 한지 얼마 지나지 않아 사탄은 아무렇지도 않게 그 경계선을 넘었다. 나는 황폐해지고 말았다. 그리고 지난 달, 구체적인 기한까지 덧붙여 또하나의 경계선을 사탄이 침범하지 못하게 막아달라고 하나님께 간청했으나 사탄은 그마저도 간단히 폭파해버리고 들어왔다.

나는 지금 환경과 싸우는 그 전선에 두 가지 경계선을 더 부가하고 싶은 충동에 눌려 있다. 그러나 시간이 지날수록 확실히 깨닫게 되는 것은 내 마음대로 그런 경계선들을 정함으로써 하나님과의 관계에서 느끼는 갈등을 불필요하게 확대했다는 사실이다. 임의대로 어떤 경계선을 정했다는 것은 어떤 강도의 시련을 얼마 동안 받는 것이 내게 합당한지를 내가 하나님보다 훨씬 더 잘 알고 있다고 단정한 것이다. 그리고 나는 그런 행동을 할 때 "이는 하늘이 땅보다 높음같이 내 길은 너희의 길보다 높으며 내 생각은 너희의 생각보다 높음이니라"(사 55:9)는 하나님의 말씀을 철저히 무시해버린다.

나는 가시철망처럼 촘촘한 방벽(防壁)을 구축하고 기도한다. 그 안에 있는 것들을 더욱 견고히 해달라고 하나님께 간청하는 데 대부분의 시간과 에너지를 소비한다. 그러나 지금까지 사탄은 내가 임의로 정한 경계선들을 너무나도 수월하게 침범했고, 그때마다 나는 어둡고 깊은 골짜기에 내팽개쳐진 느낌이었다. 그러고는 가시철망 밖으로 질질 끌려 나가 부상당한 몸으로 피를 흘리며 의아해한다.

'내가 어둡고 깊은 골짜기에 내버려지고, 원했던 것보다 훨씬 더 황폐하고 깊은 곳에 내버려졌을 때 하나님은 어디에 계셨을까?'

그러나 이제 경계선 표시하기를 그만두기로 결심했다. 나는 마침내 하나님께 말씀드릴 준비가 되었다.

'제가 어디로 가기를 원하시든지, 무엇을 하기를 원하시든지 뜻대로 하소서. 하늘이 땅보다 높은 것처럼 하나님의 길이 제 길보다 높고 하나님의 생각이 제 생각보다 높음을 믿습니다.'

하나님과 씨름을 하되 야곱처럼 하려면 당신의 방식과 뜻을 포기할 줄 알아야 한다. 당신이 원하는 방식 대신 하나님이 원하시는 방식대로 축복해주실 때까지 절대 놓지 않겠다고 매달릴 줄 알아야 한다. 일반적으로 하나님의 축복은 우리가 원하고 기대하는 것과 전혀 다른 방식으로 온다. 바울은 하나님이 "우리가 구하거나 생각하는 모든 것에 더 넘치도록 능히 하실" 분이심을 에베소교회의 성도들에게 분명히 상기시켰다(엡 3:20).

하나님과 싸우는 자

우리는 종종 다른 사람을 변화시켜달라고 간청하면서 하나님께 나아간다. 우리의 가장 뜨거운 기도는 거의 언제나 다른 누군가를 변화시켜달라고 간청하는 것과 관련이 있다. 우리를 위해 간청할 때는 응답이 좀 늦어져도 오히려 감사하는 기특한 끈기를 보이는 반면에 다른 누군가를 변화시켜달라고 구할 때는 최대한 신속정확하게 처리해주시기를 고대한다.

야곱은 하나님께서 에서를 변화시켜주시길 원했다. 20년 전에 에서의 보복이 두려워 지팡이 하나 달랑 들고 허둥지둥 도망쳤던 그는 하나님께서 에서를 바꾸어주시길 원했다. 또 자기 가족들이 안전해지기를 원했다. 그는 하나님께서 사닥다리 꿈을 보여주시며 약속해주셨던 모든 것들을 얻길 원했다. 나라도 그랬을 것이다. 그러나 야곱이 하나님과 씨름했을 때 변화된 사람은 에서가 아니라 야곱 자신이었다. 어떤 보화보다 더 귀한 이 진리를 놓치지 말라. 당신이 하나님과 씨름할 때 그분은 당신을 변화시키신다!

그 사람이 그에게 이르되 네 이름이 무엇이냐 그가 이르되 야곱이니이다 그가 이르되 네 이름을 다시는 야곱이라 부를 것이 아니요 이스라엘이라 부를 것이니 이는 네가 하나님과 및 사람들과 겨루어 이겼음이니라 창 32:27,28

야곱이라는 이름은 '뒤꿈치를 잡다' 혹은 '속이다'라는 뜻이다. 그의 부모가 지어준 이름처럼 그는 살았다. 그러나 야곱이 하나님을 붙잡았을 때 하나님께서도 야곱을 꽉 붙잡으셨다. 그 씨름으로 야곱을 완벽하게 바꾸어놓으셨다. 그리하여 옛 사람은 가고 새 사람이 왔다 (고후 5:17). 하나님께서는 야곱의 이름을 바꿔주셨다. 그는 더 이상 '속이는 자'라고 불리지 않고, '하나님과 싸우는 자'라는 뜻의 '이스라엘'이라고 불렸다. 그리고 하나님께서는 이스라엘이라는 이름을 하나님의 택한 백성들을 일컫는 명칭으로 삼으셨다. 하나님께서는 택하신 민족을 '아브라함'으로 부르실 수도 있었다. 야곱의 조부 아브라함은 큰 믿음의 소유자였다. 그는 하나님과 친밀한 관계를 가졌고, 그분과의 언약 관계를 최초로 시작했다. 하나님께서 자신이 택하신 백성들을 아브라함으로 불렀어도 전혀 이상할 게 없다.

또한 하나님께서는 택하신 민족을 '이삭'으로 부르실 수도 있었다. 이삭은 약속의 아들이었다. 이삭은 제단에 묶여서 희생의 제물로 바쳐지기 직전, 자기 아버지 아브라함의 손에 죽기 직전에 하나님께 구원을 받은 사람이었다. 그는 순종과 굴복과 희생이 무엇인지 아는 인물이었다.

그러나 하나님께서는 아브라함이나 이삭을 택하지 않으셨다. 대신 남을 속이고 조종하며 겁 많은 야곱을 택하셨다. 그가 하나님을 붙잡고 축복해주시기 전까지 보내드리지 않았기 때문이다. 여기서 우리는 하나님을 따르는 일이 결코 수월하지 않지만 하나님을 붙잡으면 반드시 축복해주신다는 중요한 사실을 깨달을 수 있다. 하나님께서는 당신의 삶에 깊이 관여하기를 바라신다. 또한 당신이 하나님을 꼭 붙잡고 그분의 축복을 받을 때까지 단단히 붙어 있기를 바라신다.

하나님을 깨달아가는 과정

야곱은 비록 삶의 대부분이 다툼과 충돌이었지만 하나님과의 관계에 대한 그의 깨달음은 점점 커져갔다. 야곱의 생애의 주요 사건 세 가지를 되짚어보면서 그와 하나님의 관계가 어떻게 발전되었는지 살펴보자.

🍁 벧엘, 하나님의 집 에서를 피해 허둥지둥 도망치던 야곱은 꿈에서 하나님을 만났고 자기가 '하나님의 집'(벧엘)에 손님으로 들어간 것처럼 느꼈다.

> 야곱이 잠이 깨어 이르되 여호와께서 과연 여기 계시거늘 내가 알지 못하였도다 이에 두려워하여 이르되 두렵도다 이곳이여 이것은 다름 아닌 하나님의 집이요 이는 하늘의 문이로다 하고 야곱이 아침에 일찍이 일어나 베개로 삼았던 돌을 가져다가 기둥으로 세우고 그 위에 기름을 붓고 그곳 이름을 벧엘이라 하였더라 이 성의 옛 이름은 루스더라
>
> 창 28:16-19

야곱은 부모의 집에서 살 때의 안전과 안위를 등지고 고향을 떠나야 했다. 말 그대로 그는 목숨을 건지기 위해 도망치는 중이었고, 그때 꿈에서 하나님을 만났다. 야곱은 자신이 서둘러 떠난 피난길에서 우연히 하나님의 집에 들어가게 되었다는 것을 꿈에서 깨자마자 바로 확신했다.

🍁 브니엘, 하나님의 얼굴 야곱은 20년 동안 외삼촌과 다투며 고된 삶을 산 뒤 고향으로 돌아오는 길에서 하나님과 씨름했고, 그분과 스스럼없는 사이가 되었다. 야곱은 더 이상 하나님의 집의 손님이 아니

라 그분의 친한 친구가 되었다.

그러므로 야곱이 그곳 이름을 브니엘이라 하였으니 그가 이르기를 내
가 하나님과 대면하여 보았으나 내 생명이 보전되었다 함이더라 창 32:30

야곱은 하나님과 씨름을 벌인 뒤, 자기가 매우 강력하게 하나님과 직
접 접촉했다는 것을 알게 되었다. 하나님과 신령한 씨름을 벌일 때 그
분을 대면하여 보라는 하늘의 초대를 놓치는 일이 일어나지 않게 하라!

✿ 엘벧엘, 하나님의 집의 하나님 마침내 야곱은 하나님의 보호하심
과 공급하심(에서가 야곱을 자신의 동생으로 반겨주면서 두 사람의 관계는 회복
되었다)을 체험한 뒤에 처음 시작했던 곳(벧엘)으로 돌아왔다. 이제 그
는 하나님께서 '성스러운 곳'에 계실 뿐만 아니라 자신이 지나온 모든
곳에서 함께하셨다는 것을 깨달았다. 또한 그는 자기가 어디로 가든
지 하나님께서 함께해주시리라는 것도 알았다. 하나님께서는 벧엘에
있는 하나님의 집뿐만 아니라 그 집 너머에도 계셨다. 그가 하란에, 세
일에, 세겜에 있을 때도 함께 계셨다. 야곱이 어디로 가든지, 어떤 시
련을 당하든지 함께 계셨다.

야곱과 그와 함께한 모든 사람이 가나안 땅 루스 곧 벧엘에 이르고 그
가 거기서 제단을 쌓고 그곳을 엘벧엘이라 불렀으니 이는 그의 형의
낯을 피할 때에 하나님이 거기서 그에게 나타나셨음이더라 창 35:6,7

필사적인 씨름

당신이 하나님과 동행하는 삶에서 지금 어떤 상황에 처해 있는지 나는 잘 모른다. 에서를 피해 도망치던 야곱이 들판에서 돌 하나를 베고 누웠을 때 처했던 상황과 똑같을 수도 있다. 또 당신에게 주신 약속들을 이루어주시기를 기다리면서 최악의 한 해를 보내고 있을 수도 있다. 하나님께 받은 약속과 그 약속의 성취 사이에 가로놓인 문제나 사람을 응시하면서 그 장애물을 제거해주시길 고대하며 얍복 나루에 서 있을 수도 있다.

그러나 이것 하나만은 꼭 알아두어라. 하나님께서는 현재 당신이 처해 있는 환경을 사용하여 당신에게 하나님 자신을 드러내실 것이다! 현재 처한 상황에서 하나님을 붙잡고 열심히 씨름하면 날로 성장할 것이며, 이따금 하나님을 만나는 절친한 벗이 되어 친밀하게 교제하면서 매일 그분의 음성을 들을 것이다.

큰딸은 여섯 살 때 아빠와 씨름하기를 매우 좋아했다. 남편은 저녁에 집에 오면 으레 거실 바닥에 누웠고, 세 아이들은 아빠에게 달라붙어 뒹굴며 놀았다. 남편이 아이들을 높이 들었다가 바닥에 살짝 내려놓으면 아이들은 비명을 지르면서 즐거워했다. 아이들은 아빠 등에 올라타서 말 타기 놀이를 했고, 남편은 몸을 뒤로 젖히면서 '히히힝' 하고 말 울음소리를 냈다. 특히 그 놀이는 큰딸이 좋아했다.

어느 수요일 밤, 교회에 가면서 큰딸이 내게 물었다.

"엄마, 천국에 가면 내가 제일 하고 싶은 게 뭔지 말해줄까요?"

"글쎄, 뭔데?"

"하나님하고 예수님하고 나하고 셋이서 씨름하는 거예요!"

그 아이는 감탄하듯 외쳤다. 나는 싱긋 웃어주었다. 아빠와 씨름하는 것처럼 예수님과 씨름하는 것도 재미있을 거라고 생각한 것이다.

상상해보라! 하늘에 계신 아버지와 씨름하는 것, 아버지께서 당신을 위해 비축해놓으신 모든 것들을 꽉 붙잡는 것, 아버지께 필사적으로 달라붙는 것, 아버지께서 당신을 위해 길을 내어주시리라는 것을 추호의 의심도 없이 알기에 아버지의 약속에 매달리는 것을.

지금 당신은 하나님과 어떤 씨름을 하고 있는가? 당신이 원하는 축복의 방식과 형태를 하나님께 관철시키기 위한 주도권 쟁탈전인가, 아니면 하나님의 뜻과 방식대로 축복해주시기를 갈망하면서 필사적으로 매달리는 씨름인가? 지금 실망과 위기와 비극 속에서 살고 있는가? 마치 그 모든 것들이 하나님께 받은 약속들을 조롱하고 있는 것처럼 보이더라도 꼭 알아두어라. 당신이 하나님과 씨름할 때 그분을 높이게 된다는 것을.

하나님께서는 기도를 통해 그분과 씨름하라고 우리를 초대하신다. 겁먹지 말고 두려워하지 말라. 확신을 갖고 은혜의 보좌를 향해 다가가라. 예수님 이름의 강력한 권세를 의지하여 기도하라. 그리고 하나님께서 축복해주실 때까지 꽉 붙잡고 놓지 말라!

초라한
시간이란 없어

중간 기간

아브라함은 야곱처럼 신체적으로 하나님과 씨름한 적은 없지만 하나님의 약속과 자신의 현실 사이에서 하나님의 음성을 듣고 깨닫기 위해 오랜 세월을 분투했다. 하나님께서 야곱에게 주신 약속과 성취까지는 20년의 간격이 있었다. 아브라함의 경우는 훨씬 더 길었다. 사실 아브라함은 신실하게 하나님과 동행했지만 무려 13년 동안이나 하나님은 침묵하셨다(창 16:16, 17:1).

그리고 그는 우리 믿음의 조상으로 그리고 오늘날 우리 믿음의 표본이 되는 믿음을 가진 인물로 성경에 기록되어 있다(히 11장). 아브라함의 경우 처음에는 하나님께서 그의 마음에 그려주셨던 그림에 대한 믿음으로 시작하여 하나님의 약속에 대한 확신으로 진전되었고, 마침내는 그분을 향한 신뢰로 발전되었다. 아브라함의 생애는 하나님의 약속을 받은 때부터 성취될 때까지인 '중간 기간'에 우리의 삶을 어떻게 경영해야 하는지에 관한 더없이 훌륭한 본보기이다.

나는 지난 몇 년 동안 '중간 기간'(meantime)을 '초라한 때'(mean time)로 바꾸어 생각했다. 하나님의 약속과 성취 사이에 살아야 했던 때를 멋지다고 여길 만한 것들이 없었기 때문이다. 그러나 내가 초라한 때라고 일컫은 기간은 하나님께서 '믿음의 길'이라고 칭하신 때와 동일했다.

이 사람들은 다 믿음을 따라 죽었으며 약속을 받지 못하였으되 그것들을 멀리서 보고 환영하며 또 땅에서는 외국인과 나그네임을 증언하였으니 히 11:13

우리는 하나님과 씨름할 때 우리를 위해 그분이 해주시기 바라는 것들을 마음에 그리면서 씨름하곤 한다. 하나님의 역사와 관련하여 우리의 선입견에 어긋나게 역사하시거나 그러지 않으실 때는 매우 혼란스러워하면서 하나님과 씨름하게 된다.

나는 고등학교 시절, 단기선교사로 네바다 주 외곽에서 여름을 보낸 적이 있다. 그곳은 보이는 것이라곤 온통 모래벌판뿐이며 산토끼나 야생초를 제외하고는 아무것도 없는 곳이었다. 그곳에서 불과 10주 정도밖에 지내지 않았지만 모세처럼 40년의 세월을 광야에서 지낸 것 같았다. 하지만 나는 그곳에서 모세가 그랬던 것처럼 하나님의 크고 분명한 음성을 들었다.

하나님의 약속과 현실이 다를 때

네바다 외곽의 아름다운 석양은 마치 하나님께서 매일 저녁 서쪽 하늘에 화폭을 펼치시고 오로지 날 위해 그려주시는 그림 같았다. 하나님께서 그렇게 하늘에 걸작을 그려나가실 때면 그것에 대해 감사드리면서 내 모든 꿈을 말씀드리곤 했다.

하나님을 사랑하고 섬기는 좋은 남자를 평생의 동반자로 만나 아이들도 낳고 엄마로서의 삶을 살고자 하는 소망을 말씀드리기도 했지만, 거의 대부분은 장차 하나님나라에 중요한 인물이 될 수 있게 해달라고 간청하면서 보냈다. 나는 하나님을 섬기며 영원의 세계에 강력한 영향을 끼치라고 내게 주신 은사들을 사용하기를 원했다. 또 전임사역자의 길을 걸어야 하는지도 여쭈었다. 그때 하나님께서 정확히 무엇이라고 대답하셨는지 기억나지 않지만 하나님나라를 위한 사역자의 소명을 주셨다는 것을 알게 되었다.

그때 내 발걸음은 아브라함의 발걸음과 유사했다. 나는 전혀 알지 못하는 네바다 사막 지대로 갔고, 대학을 졸업한 후에 어디든지 기꺼이 갈 준비가 되어 있었다. 신학교에서 지금의 남편을 만났을 때 그는 내가 꿈꾸던 남편의 모든 조건들을 가지고 있었다. 우리는 대학원 공부를 절반 정도 마쳤을 무렵에 결혼을 했다.

그러나 텍사스에서 대학원을 졸업하고 테네시로 이사를 한 후 우리는 아이를 갖고 싶었지만 좀처럼 임신이 되질 않았다. 하나님과 최초로 씨름을 했던 때가 바로 그때였다. 정말 야곱을 무색하게 할 정도로 하나님을 붙잡고 씨름했다. 하나님께서는 그렇게 3년을 기다리게 하신 뒤에 내 마음의 간곡한 부르짖음에 응답하여 세 아이를 주셨다. 남편과 나는 큰 교회를 세우고, 우리가 소속된 교단에서 리더 역할을 담당하고, 글을 쓰고 강연을 하면서 열성적으로 일했다. 그리고 제법 규모가 큰 출판사의 관계자를 만나 내 첫 번째 책의 계약을 하면서 하나님께서 내게 주셨던 그림이 마침내 현실로 펼쳐졌다.

하지만 2010년에 영적전쟁에 관한 책을 쓰면서 우리 가족은 사탄의 무참한 공격을 받았다. 나는 대장암 진단을 받았고, 우리 교회는 홍수에 침수되어 엄청난 피해를 입었다. 하지만 사탄이 그렇게 맹렬히 흔들어대도 우리는 무너지지 않았다. 그러나 대학입학을 앞두고 있던 큰딸이 가출하면서 내가 그리던 그림은 갈가리 찢어졌다. 딸은 하나님께서 그 아이를 위해 준비하고 계신다고 생각했던 모든 것들 대신에 자신의 남자친구를 택했다.

그해 여름, 이길 수 없는 슬픔에 빠진 나는 영적전쟁에 관한 책을 쓰기 시작한 것이 후회된다고 하나님께 울부짖기까지 했다. 만일 그 아이가 내 간절한 기도에 대한 하나님의 응답이 아니었다면 나는 그렇게까지 침통하게 느끼지 않았을 것이다. 임신하기 3년 전에 이미 아이를 하나님께 바쳤고, '많은 이들을 구원으로 이끄는 강력한 일꾼'이 될 거라고 약속해주신 아이였다. 나는 임신한 것을 안 순간부터 그 아이의 배우자를 위해서 기도했다.

지금 큰딸은 '사일런트 랭크스'(Silent Ranks, 직업 군인을 남편으로 둔 아내들의 모임)의 일원이다. 당시 큰딸의 남자친구는 지금은 내 사위가 되어 군인으로 근무하고 있다. 나는 자기 가족을 책임지고 부양하는 사위가 자랑스럽다. 나는 아브람처럼 약속의 가나안에 들어가지 못한 채 수십 년 동안 방황한 적은 없지만 큰딸이 가출하여 남자친구와 동거하기 시작했을 때, 과연 하나님께서 그 아이가 태어나기 전에 내게 약속해주신 것들을 여전히 기억하고 계신지 의아해하면서 많은 날들을 방황했다. 하나님의 약속과 성취 사이의 중간 기간인 초라하고 변변치 않았던 그때, 나는 무척이나 혼란스러웠다.

높여진 아비의 심각한 고민

하나님께서는 창세기 12장에서 아브람을 부르시어 전혀 알지 못하는 곳으로 가라고 명하셨고, 그곳에 가면 그에게서 큰 민족을 일으켜주겠다고 하셨다. 그 약속에 대해 하나님은 그의 마음에 선명한 그림을 그려주셨다. 또한 그 그림은 그를 하나님과의 씨름으로 초대했다.

아브람의 이야기의 이 시점에서 하나님께서는 아직 그의 이름을 바꿔주지 않으셨다. '아브람'이라는 이름은 '높여진 아비'라는 뜻이었다. 나중에 하나님께서는 그를 '열국의 아비'라는 뜻의 '아브라함'으로 불러주셨다. 그런데 하나님께서 그에게 말씀하시기 전에도 그는 자신이 아비가 될 거라는 느낌을 갖고 있었다. 사람들이 언제나 그를 '높여진 아비'라고 불렀고, 더욱이 구약시대의 문화에서는 이름이 곧 그 사람의 운명과 연결되었던 만큼 그는 자신이 아비가 될 것을 알았다. 아버지인 '데라'('방황하는 자'라는 뜻)조차도 아브람의 생애에 대한 그림을 갖고 있었다.

자식을 키우는 모든 엄마들은 자기 자녀에 대한 아름다운 그림을 마음에 그린다. 배 속의 아이를 보면서 가장 근사한 짝과 데이트를 하고, 좋은 학교에 다니고, 성가대에서 멋지게 독창하는 모습을 그린다. 그러나 우리의 꿈들이 모두 실현되는 건 아니다. 아브람은 천생배필과 결혼하여 자신의 가족들 근처에서 살았지만 아내의 불임으로 힘들어했다.

나는 불임의 고통이 어떤지 잘 알고 있다. 지금도 남편과 나는 TV 드라마에서 불임 부부의 이야기가 나올 때마다 눈물을 훔친다. 아이를 갖기 위해 수년간 갖은 방법으로 노력했지만 아무 결실이 없거나 아이를 가질 수 없다는 판정을 받을 때의 고통을 충분히 공감하기 때문이다. 불임의 길은 정말 힘들다. 그 길에는 공허함과 갈망의 부르짖음, 절망의 몸부림 외에 아무것도 없다. 아브람과 사래 부부는 그 고통을 알고 있었다. 아마도 아브람은 아들들과 사냥하고, 딸들과 오순도순 식탁에 앉아 밥을 먹는 장면들을 상상하면서 자신에게 주신 하나님의 말씀을 붙잡고 고된 씨름을 했을 것이다. 하나님께서는 말씀하셨다.

"아브람아 이리와. 나와 함께 낯선 땅으로 가자. 그러면 너를 큰 민족으로 만들어줄게"(창 12:1,2).

아브람은 아마 이렇게 대답했을 것이다.

"한 민족의 아비가 되려면 적어도 한 명의 아들은 있어야 하는 것 아닌가요? 저희 부부에게 아직 아들이 없다는 사실을 진짜 모르시나요?"

물론 당시에 아브람이 그렇게 생각했다는 성경적 증거는 없다. 그러나 그의 마음에서 그런 질문들이 소용돌이쳤을 거라는 것은 충분히 예상할 수 있다.

어찌 주시지 아니하겠느냐

하나님께서 아브람에게서 큰 민족을 일으킬 작정이었다면 아브라함과 사래에게 아이를 허락하시지 않은 까닭이 무엇일까? 하나님께서 아브람에게 장난을 치고 계셨던 것일까? 이 질문에는 친구 줄리가 대답해준다. 그녀는 내 영적 동굴탐사를 위해 함께 기도해주던 친구이다. 한번은 그녀가 우리 교회의 '24시간 찬양과 기도' 모임에서 찬양을 인도하고 있었다. 토요일 이른 아침이었고 열 명 남짓의 성도들이 모여 있었다. 그런데 그녀가 찬양을 멈추더니 말했다.

"하나님께서는 여러분에게 장난치지 않으십니다!"

만일 하나님께서 약속에 근거하여 당신에게 어떤 그림을 그려주셨다면 그것으로 장난을 치시는 일은 결코 일어나지 않는다. 하나님은 약속하신 것들을 반드시 이루어주신다. 언제 어떻게 이루어주실지는 모르지만 하나님께서 약속을 지키신다는 사실만큼은 분명히 알고 있다. 이에 대해 욥은 이렇게 고백했다.

"주께서는 못 하실 일이 없사오며 무슨 계획이든지 못 이루실 것이 없는 줄 아오니"(욥 42:2).

내가 욥의 이 고백을 좋아하는 이유는 그 구절에 나오는 'thwart'(좌절시키다, 뒤엎다)라는 단어 때문이다. 하나님은 자신의 계획을 뒤엎지 않으신다. 하나님께서는 그에게 약속 이상의 것을 주셨다. 그의 이름을 바꿔주심으로써 운명을 재정의해주셨고, 더욱더 구체적으로 밝혀주셨다. 뿐만 아니라 아브람의 아내 사래의 이름도 바꿔주셨다. 그녀의 이름은 '공주'라는 뜻이었으나 '열국의 어미'라는 뜻의 '사라'로 바꿔주셨다. 그러나 그 모든 것들에도 불구하고 열국의 아비와 열국의 어미에게는 여전히 자식이 없었다.

하나님께서는 약속을 가지고 당신에게 장난을 치지 않으신다. 그분은 약속 하나하나를 반드시 지키신다. 지금 누군가가 하나님의 약속에 대해 말하며 당신을 비웃는다면 그것은 사탄의 속삭임이라고 확신해도 좋다.

우리는 많은 경우에 하나님의 음성을 분명히 듣는다. 하나님께서는 우리의 심령에 심어주신 소망과 완벽하게 일치하는 말씀을 해주신다. 그러나 우리의 현재 상황이 하나님께 들은 말씀과 전혀 조화되지 않고 격차가 난다면 우리의 마음은 여러 갈래로 갈라지고 사탄의 야유와 빈정거림에 더 귀를 기울이게 된다. 그리고 결국 그것이 하나님의 음성을 덮어버린다. 우리는 하나님께 들은 것이 확실하다고 생각되는 말씀 위에 견고히 서기보다는 이런저런 의문을 제기하고, 초조해하고, 사탄의 야유로 혼란스러워한다.

하나님의 약속을 받았지만 아직 이루어지지 않은 초라한 때를 지나는 동안에는 이 야유와 조롱이 중단되지 않는다. 그러나 하나님께서 약속을 지키지 않으실 거라는 사탄의 비난이 일말의 가치도 없는 거짓말이라는 사실을 명심하고 굳게 서길 바란다.

만일 하나님께서 당신을 실망시키셨다고 생각하고 싶은 유혹이 들거나, 하나님은 신뢰할 수 없는 분이라는 생각이 들면 그 지점에서 즉각 멈추고 그것들을 십자가로 가져가라고 충고하고 싶다. 하나님께서는 우리를 위해 자신의 외아들을 세상에 보내셨고, 우리를 위해 십자가에서 참혹한 죽임을 당하게 하심으로 우리를 향한 지극한 사랑을 명백히 입증하셨다.

그런 무한한 사랑의 하나님께서 우리의 기대를 잔뜩 부풀려놓으셨다가 한순간에 허망하게 실망시키실 이유도, 그런 일을 하실 까닭도 없으시다. 하나님께서는 절대 그러지 않으신다. 로마서 8장 32절은 당신을 야유하는 자에게 무엇이라고 대답해야 하는지를 정확히 가르쳐준다.

자기 아들을 아끼지 아니하시고 우리 모든 사람을 위하여 내주신 이가 어찌 그 아들과 함께 모든 것을 우리에게 주시지 아니하겠느냐

그러니 하나님께 들은 말씀에 매달려 꽉 붙잡고 놓지 말라. 그리고 마귀가 야유를 퍼붓기 위해 당신에게 가까이 오거든 예수님의 십자가를 부여잡고 찬양하라.

"예수 사랑하심은 거룩하신 말일세."

시련 가운데 계시는 하나님

성경에는 하나님의 뒤를 따르다 곤경에 빠지는 인물들이 많다. 요셉의 경우를 보자. 하나님께서 그에게 꿈을 주셨다. 그의 곡식 단은 일어서고 이에 다른 형제들의 곡식 단이 절하는 꿈이었다. 그는 그 꿈을 형제

들에게 말했고, 그로 인해 형제들의 미움을 사게 된다. 그러던 어느 날, 요셉은 또 다른 꿈을 꾸었다. 이번에는 해와 달과 열한 개의 별들이 그에게 절하는 꿈이었다. 그 꿈을 가족들에게 말했을 때 그의 아버지 야곱조차도 그런 일은 일어날 수 없다며 그를 엄히 꾸짖었다(창 37장).

그런 꿈들을 꾼 순간부터 요셉은 장대한 그림을 마음에 품고 다녔을 것이다. 그렇다면 그는 형들이 자신을 구덩이에 빠뜨렸을 때, 그리고 노예로 팔렸을 때 무슨 생각을 했을까? 그의 삶에 불어닥친 실망스러운 환경은 그에게서 꿈을 분리시켜놓았다.

모세는 이스라엘 백성들을 바로에게서 해방시키는 일의 적임자는 아니었으나 결국 하나님의 부르심에 굴복했고, 그분의 협력자가 되어 그 일에 투신했다. 하지만 그는 하나님께서 명하신 것들을 모두 행한 뒤에 이스라엘 백성들을 이끌고 출애굽을 했지만 앞은 홍해가 길을 막고 있고 뒤는 바로의 군대가 추격해오는 급박한 상황에 직면한다(출 14장). 그 순간에 모세는 무엇을 느꼈을까?

여호수아의 경우도 그렇다. 그는 지도자라는 자리를 버거워했으며, 그 멍에를 지는 것을 두려워했다. 그는 이스라엘 역사의 모든 지도자들 가운데서도 가장 뛰어난 모세의 뒤를 이어야 했다. 그는 "오직 강하고 극히 담대하여 나의 종 모세가 네게 명령한 그 율법을 다 지켜 행하고 우로나 좌로나 치우치지 말라 그리하면 어디로 가든지 형통하리니"(수 1:7)라는 하나님의 놀라운 약속을 붙잡고 불안하게 요동치는 자신의 심장을 진정시키려고 무던히도 애썼다. 하지만 하나님께 승리를 약속받았음에도 승전의 기미조차 보이지 않고, 여전히 전장에서 적들과 싸워야 할 때(수 10장), 태양은 거의 지고 있지만 아직 승리를 확신할 수 없는 그 순간에 과연 그는 무엇을 느꼈을까?

에스더는 페르시아 왕비로 간택되고 나서 자신의 동족들이 사악한 하만의 음모로 멸절될 위기에 처했다는 사실을 알게 되었다. 순종적이고 고결한 품성의 그녀는 자기 자신을 구원자로 여긴 적이 한 번도 없었다. 그러나 하나님께서는 그녀를 페르시아 궁궐에 데려다놓으셨고, 그녀는 동족을 위해 목숨을 걸지, 그들이 죽는 것을 지켜보기만 할지 선택해야 할 상황에 처했다.

이런 이야기들은 이어지고 또 이어진다. 진실한 마음으로 하나님을 따른 모든 사람들의 삶에는 "하나님께서 내게 장난을 치시는 것인가?"라고 의심할 만한 때와 상황들이 있다.

한번은 하나님께서 내게 이런 질문을 하셨다.

'딸아, 내가 요셉에게 기나긴 감옥생활을 시켰을 때 그를 애굽의 총리가 되게 했을 때보다 더 못한 하나님이었느냐?'(창 39:19-41:41).

요셉의 시련 가운데에 계신 하나님은 그의 번영 가운데에 계신 하나님보다 '못한' 하나님인가? 그렇지 않다. 우리의 시련 가운데에 계시는 하나님은 우리의 융성함 가운데에 계신 하나님보다 못하신 분이 아니다. 우리가 어둡고 힘든 현재의 상황에서 하나님의 능력의 손을 쉽게 발견하지 못하면서 성경의 인물들의 삶에서는 쉽게 발견하는 것은 이미 완결된 그들의 이야기를 전체적인 관점으로 바라보기 때문이다.

그러나 하나님께서는 어제나 오늘이나 내일이나 동일하시며, 시간을 초월하여 존재하신다. 당신의 기도에 응답해주실 미래에 이미 살고 계시므로 약속과 성취 사이의 중간 기간인 초라한 때를 살아가고 있는 당신의 찬양과 감사를 받으실 수 있는 분이시다.

성경 인물들의 삶은 이미 완결되었지만 하나님께서는 지금도 여전히 당신 삶의 이야기를 써 가시는 중이다. 만일 하나님께서 당신에게 그림을 그려주셨거나 이름이나 약속을 주셨다면 확신해도 좋다. 하나님께서 그것에 아름다운 색을 입혀주실 것이다.

하나님의 약속인가 우리의 상상인가

나는 집 근처에 위치한 작은 기독교 대학에서 공부했다. 부모님은 내가 작은 대학에 다니기를 원했고, 나도 이의를 제기하지 않았다. 따라서 내 딸들을 위한 대학을 알아볼 즈음, 부모님이 그랬던 것처럼 딸들과 함께 집 근처의 작은 기독교 대학 몇 군데를 방문한 뒤에 한 곳을 선택하라고 권유했다.

반면에 남편은 학비를 중요하게 생각했다. 그는 학창시절 자신의 힘으로 학비를 조달해야 했기 때문에 학비보조금을 우선 조건으로 대학을 선택했다. 그래서 거액의 장학금을 제안한 대학으로 바로 결정했다. 딸들을 저렴한 학비로 좋은 교육을 받게 하자는 게 우리의 계획이었다.

둘째 딸 칼리는 그 대학에 입학해 열심히 공부했다. 그러나 1학년 중반 정도를 지나면서 기독교적인 분위기와 환경과 행동규범과 규칙들로 답답함을 느꼈다. 결국 그 아이는 대도시에 있는 테네시주립대학교(Tennessee State University)에 편입했다.

우리 아이들의 장래에 관해 내가 지금 그리고 있는 그림은 예전에 너무나도 당연하다고 여기면서 그렸던 그림과는 전혀 다른 모습이다. 이는 하나님의 약속일 거라고 여겼던 것들이 사실은 우리 자신의 상상에 지나지 않다는 것을 뜻한다. 당시 나는 아이들이 믿음을 받아들이고 그리스도 중심의 삶을 살게 될 거라는 하나님의 약속을 받았다. 그러나 내 잘못은 그것에 내 상상에서 비롯된 세부적인 내용들을 첨가했다는 것이다. 그때 나는 생각했다.

'우리 아이들은 그리스도 중심의 삶을 살게 될 거야. 따라서 내 딸들은 작은 기독교대학에 들어갈 것이고, 신앙심이 깊은 짝과 결혼할 것이며, 귀여운 아기들을 낳아 평화롭게 잘 살아갈 거야.'

상상의 날개를 펴서 내 나름의 다양한 그림을 그렸고, 상상에서 비롯된 그림들을 하나님의 약속에 포함시켰다.

언젠가 한 친구가 "하나님께서 그려주시는 그림을 갖기 원한다면 우리는 도화지에서 손을 떼야 한다"라고 말한 적이 있다. 마땅히 일어나야 한다고 생각하는 것들이 현실로 이루어지지 않을 때, 우리는 하나님의 예술작품에 임의로 세부적인 내용들을 그려 넣는다. 그러나 하나님께서 우리의 계획을 이루어주실 의무를 지고 계신 건 아니다. 그분은 이루어주겠다고 약속하신 것들을 이루어주신다.

약속은 반드시
이루어질 거야

주께서 못 하실 일은 없다

하나님께서는 무엇이든지 성경을 통해 분명히 말씀하시며, 그것을 통해 넘치도록 풍성한 약속들을 주신다. 하나님의 모든 약속들은 믿을 만하고 거짓이 없다. 뿐만 아니라 성경에 있는 하나님의 모든 약속들이 다 우리의 것이다. 그러나 대부분은 그 약속들을 자신의 것으로 주장하면서도 하나님께 기도하지 않는다.

아브람은 하나님께서 자기에게 말씀을 주셨다는 것을 잘 알고 있었다. 그는 하나님의 말씀을 들었고, 그분의 약속을 의식하고 이루어지기를 기대하면서 날마다 그분과 동행했다. 하지만 그는 다양한 시련에 부딪쳤고, 믿음의 사람답게 이겨내기도 했지만 아쉽게 그러지 못할 때도 있었다. 때로 우리의 믿음에 문제가 생기는 까닭은 우리가 하나님의 음성을 듣지 못해서가 아니라 하나님께서 말씀해주시는 내용들을 그다지 좋아하지 않기 때문이다.

이는 하나님이 그 해를 악인과 선인에게 비추시며 비를 의로운 자와 불의한 자에게 내려주심이라 마 5:45

우리는 장대처럼 굵은 빗줄기가 우리의 삶에 쏟아질 때 하나님의 귀한 축복을 놓치고 있다는 생각으로 믿음의 길에서 당황할 때가 많다. 그러나 그럴 때 하나님의 음성을 듣고 깨닫기 위한 당신의 능력이나 믿음을 의심하지 말고 하나님께서는 폭우 속에서도 약속을 능히 이루실 수 있다는 진리를 먼저 기억하길 바란다.

아브람은 하나님의 부르심에 응하여 고향과 친족과 아버지의 집을 떠나 가나안으로 갔다. 그리고 그가 가나안 땅의 한 나무 아래에 앉아 있을 때 하나님께서는 그 땅을 그에게 주겠다고 약속하셨다. 그런데 그는 하나님께 약속받은 땅의 여기저기를 돌아다니다가 그 땅에 기근이 들었다는 사실을 알게 되었다(창 12:5-10).

분명 그는 하나님을 따라갔고 순종했으며 신뢰했다. 그러나 그의 아내는 여전히 자식을 낳지 못했고, 하나님께 약속받은 땅마저도 불모지였다. 결국 그는 가나안 땅의 기근을 피해서 애굽으로 향했다. 그곳은 기근이 그리 심하지 않았다. 그는 하나님을 배제하고서 독자적으로 일을 처리하고 진실을 왜곡하기 시작했다. 자기와 사래가 오누이라는 것을 넌지시 밝혔고, 바로는 사래가 심히 아름다웠으므로 아내로 취하고

자 했다. 하지만 바로는 하나님의 개입으로 뜻을 이루지 못했다.

> 주께서는 못 하실 일이 없사오며 무슨 계획이든지 못 이루실 것이 없
> 는 줄 아오니 욥 42:2

아브람을 '열국의 아비'로, 사래를 '열국의 어미'로 만들 계획을 갖
고 있던 하나님께서는 바로의 피가 섞이기를 원하지 않으셨다. 이에
바로의 집에 재앙을 내리셨고 바로는 하나님의 음성을 들었다.

> 바로가 아브람을 불러서 이르되 네가 어찌하여 나에게 이렇게 행하였
> 느냐 네가 어찌하여 그를 네 아내라고 내게 말하지 아니하였느냐 네
> 가 어찌 그를 누이라 하여 내가 그를 데려다가 아내를 삼게 하였느냐
> 네 아내가 여기 있으니 이제 데려가라 하고 창 12:18,19

솔직하게 기도하고 귀를 기울여라

그 사건이 있은 뒤 아브람은 애굽을 떠나 네게브로 향했다. 아브람과
조카 롯은 큰 축복을 받아 가축과 은과 금이 풍성했지만 아브람과 롯
의 목자들 사이에 싸움이 일어났다. 그 충돌을 낳은 것이 하나님의 축
복이었다는 것을 주목하라.

때로 우리의 삶에도 그런 일들이 일어난다. 하나님께서 우리에게
부어주시는 축복으로 가족들이나 친구들 사이에 갈등이 생길 수 있

다. 어떤 사람이 풍성한 재물의 축복을 받은 경우, 경제적으로 힘들어하는 가족들과 예전처럼 친밀한 관계를 유지하기가 쉽지 않다.

당신이 아브람처럼 전혀 알지 못하는 땅으로 하나님을 따라가라는 부르심을 받을 때, 선의로 당신을 보내주려고 하지 않는 가족들이나 친구들과 충돌이 일어날 수도 있다. 하나님의 축복은 실제로 이와 같은 방식으로 갈등을 낳을 수도 있다. 아브람과 롯도 하나님의 축복을 받음으로 인해 서로 충돌하게 되었다.

하지만 두 사람은 갈등을 해결했고, 아브람은 가장 좋은 땅을 자기 조카에게 양보함으로써 하나님에 대한 큰 믿음과 롯과의 관계에서 겸손을 보여주었다. 하나님께서는 아브람에게 다시 말씀하셨고, 그가 상상했던 것보다 훨씬 더 많은 땅을 물려받을 것이며, 그가 하나님으로부터 물려받은 모든 것들이 그의 자손들에게 전해질 거라고 다시 확인시켜주셨다. 심지어 하나님께서는 그 땅을 두루 다니면서 살펴보라고 아브람에게 명하기도 하셨다(창 13장).

나중에 아브람은 롯과 소돔 백성들을 다른 족속들의 침략에서 구출했다. 소돔 왕은 승리에 대한 감사의 표시로 아브람에게 예물을 주고자 했지만, 하나님의 약속과 축복만을 믿은 아브람은 모든 영광을 하나님께 돌리면서 왕의 예물을 사양했다. 그리고 하나님께서는 아브람의 그런 겸손을 다시 한 번 주목하셨다.

이후에 여호와의 말씀이 환상 중에 아브람에게 임하여 이르시되 아브람아 두려워하지 말라 나는 네 방패요 너의 지극히 큰 상급이니라 창 15:1

아브람의 문제는 '나는 하나님의 음성을 들을 수 있는가?'가 아니라 '나는 하나님께 들은 말씀을 신뢰할 수 있는가?'였다. 하나님께서는 아브람에게 땅과 민족을 주시겠다고 반복하여 약속하셨다. 그러나 지금까지 그가 경험한 거라고는 그 약속에 어울리는 '아들'이 아니라 기근과 충돌, 그리고 점점 늘어나는 가축들뿐이었다. 여기서 아브람은 하나님께 자신의 속마음을 솔직하게 말씀드린다.

> 아브람이 이르되 주 여호와여 무엇을 내게 주시려 하나이까 나는 자식이 없사오니 나의 상속자는 이 다메섹 사람 엘리에셀이니이다 아브람이 또 이르되 주께서 내게 씨를 주지 아니하셨으니 내 집에서 길린 자가 내 상속자가 될 것이니이다 창 15:2,3

이것은 이렇게 표현할 수 있다.

"하나님! 하나님께서 제 방패가 되심을 잘 알고 있습니다. 또한 하나님께서 제 가장 큰 상급이라는 것도 잘 알고 있습니다. 그러나 오래 전에 하나님께서는 저를 한 민족의 아비로 만들어주겠다고 약속하셨습니다. 그러나 하나님께서 자식을 주실 시간이 충분했음에도 제게는 아직 자식이 없습니다. 하나님, 그 약속은 어찌 된 것입니까? 그것을 지금도 이루어가고 계신 것입니까?"

아브람은 오랜 세월을 신실한 태도로 하나님을 따랐고, 그분께서 약속하신 넓은 땅을 떠돌면서 살았고, 물질적으로 부유하게 되었다. 그는 이제 하나님의 축복의 나머지 부분을 받고자 했다. 하나님께서는 아브람의 좌절감을 보셨고, 다음과 같은 대답으로 그의 정직함에 보답해주셨다.

> 여호와의 말씀이 그에게 임하여 이르시되 그 사람이 네 상속자가 아니라 네 몸에서 날 자가 네 상속자가 되리라 하시고 그를 이끌고 밖으로 나가 이르시되 하늘을 우러러 뭇별을 셀 수 있나 보라 또 그에게 이르시되 네 자손이 이와 같으리라 창 15:4,5

신실한 마음으로 하나님을 섬기지만 기다리는 것에 점점 지치는가? 하나님과의 관계에서나 타인들과의 관계에서나 겸손을 보이며 약속과 성취 사이의 중간 기간인 초라한 때를 지나고 있는가? 그렇다면 당신의 속마음을 솔직하게 하나님께 말씀드려라. 하나님의 약속과 당신의 현실 사이에서 당신을 가장 힘들게 하는 것이 무엇인지 말씀드리는 게 좋다. 이렇게 기도하고 하나님의 음성에 주의를 기울이면 아브람처럼 하늘의 별들을 바라보라는 초대를 받을 수도 있을 것이다. 이 이야기에서 가장 주목할 부분은 바로 다음 구절이다.

> 아브람이 여호와를 믿으니 여호와께서 이를 그의 의로 여기시고 창 15:6

아브람은 하나님의 말씀을 그대로 받아들였다. 그는 하나님을 신뢰했다. 그때 하나님께서 흐뭇한 미소를 지으며 "그래"라고 말씀하셨다. 죄에 오염된 한 인간의 마음을 자신과의 인격적이고 역동적이고 살아 움직이는 관계로 이끌어내셨음을 아셨기 때문이다.

침묵하시는 이유

아브람은 하나님과의 강력한 만남 이후에 그분을 더 잘 알게 되었고, 자신에 대해서도 더 잘 알게 되었다. 하지만 그의 영적 상승이 영적 추락으로 이어졌다. 아브람의 중간 기간은 아내 사래에게도 초라한 때였다. 그때를 지나고 있는 사래는 하나님께 자신의 도움이 꼭 필요하다고 생각했고, 자기가 돕지 않으면 하나님의 계획이 물거품이 될지 모른다고 판단했다. 그래서 자기 여종 하갈을 아브람에게 주어 대(代)를 잇고자 했다.

그러나 아브람의 아기를 임신한 하갈은 자신을 사래보다 더 우월하게 여기기 시작했고, 사래도 하갈을 미워하기 시작했다. 그 싸움에 끼어들기를 원치 않았던 아브람은 모든 일을 사래에게 맡겼다. 그러자 사래는 하갈을 학대했다. 사태가 악화되어 하갈은 집을 뛰쳐나와 도망쳤다. 광야에서 만난 천사는 집으로 돌아가 아기를 낳으라고 그녀를 돌려보냈고, 아기의 이름을 '하나님께서 들으신다'는 뜻의 '이스마엘'로 지으라고 명했다.

하나님께서 혼란한 중에 태어날 아기에게 '하나님께서 들으신다'는 뜻의 이름을 지어주셨다. 이것은 이 세상에 하나님의 계획을 좌절시킬 수 있는 여자는 없으며, 하나님의 용서를 받지 못할 만큼 무거운 죄를 지을 수 있는 여자도 없다는 것을 내게 말해주었다. 또 아무리 죄 가운데 잉태된 아기라도 하나님께서 사랑하시지 않는 아기는 없다.

이스마엘이 출생했을 때 아브람의 나이는 86세였다. 그 후 13년 동안 아브람은 하나님께로부터 어떠한 말씀도 듣지 못했다. 하나님께서 침묵하신 것은 아브람의 죄로 인해 그를 마땅치 않게 여기셨기 때문은 아닐까. 그런데 그가 99세가 됐을 때 하나님께서 갑자기 나타나셔서 전에 하신 말씀을 되풀이하셨다.

나는 전능한 하나님이라 너는 내 앞에서 행하여 완전하라 창 17:1

굳이 이전에 하셨던 말씀으로 아브람과 대화를 시작하신 이유는 무엇일까? 하나님의 음성을 듣길 진지하게 갈망한다면 반드시 알아두어야 할 것이 있는데, 그것은 바로 하나님께서 우리의 죄를 심각하게 여기신다는 것이다. 우리는 일상에서 죄와 타협하고도 편안해할지 모르지만 하나님께서는 그런 우리를 결코 편안한 마음으로 보지 않으신다. 성경에는 아브람이 하나님께 나아가 그분을 배제하고 제멋대로 행동했던 죄에 대해 혹은 사래가 제멋대로 행동하게끔 용인했던 죄에 대해 용서를 구했다는 암시가 전혀 없다.

하나님께서 위와 같은 말씀으로 아브람과의 대화를 시작하신 것은 죄와 타협하거나 흐지부지한 순종을 용인하지 않으시겠다는 걸 그가 깨닫길 바라셨기 때문은 아닐까? 많은 사람들이 하나님의 음성을 듣는 걸 힘들어하는 이유는 죄와 타협하여 거룩하지 못한 삶을 살고 있으면서 그저 축복해주시기만을 바라기 때문이다. 하나님은 우리에게 명하신다.

"내가 거룩하니 너희도 거룩할지어다"(레 11:45).

그러나 우리는 하나님의 거룩하심에 대해 진지한 관심을 갖고 있지 않다. 일상의 삶에서 거룩함을 추구할 만큼 하나님의 거룩하심을 드높이고 있지 못하다. 하나님을 드높이기 위해 우리가 무엇을 하고 있는지에 관심을 갖기보다 하나님께서 우리를 축복하기 위해 무엇을 하고 계신지에 더 큰 관심을 갖고 있다. 만일 그렇다면 이 말씀을 귀담아 들을 필요가 있다.

나는 전능한 하나님이라 너는 내 앞에서 행하여 완전하라 내가 내 언약을 나와 너 사이에 두어 너를 크게 번성하게 하리라 하시니 창 17:1,2

사랑으로 약속을 이루시는 하나님

하나님께서는 아브람을 꾸짖고 명하셨다. 그러나 비록 아브람이 불순종과 타협을 택했음에도 이전에 그와 맺었던 언약을 재확인해주셨다. 이 대목에서 우리가 하나님을 실망시킬 거라는 것을 하나님께서 이미 충분히 고려하신다고 말씀하신다. 또한 우리를 향한 하나님의 약속이 흠잡을 데 없이 완벽한 행위이기 때문에 내 능력에 의해 좌지우지되는 게 아니라고 말씀해주신다.

우리가 선한 행위를 한다고 하나님께서 반드시 약속을 이루어주시는 것도 아니고, 잘못된 행위를 한다고 이루어주시지 않는 것도 아니다. 하나님께서는 단지 우리를 향한 자신의 사랑과 선하심과 열정을 바탕으로 풍성한 약속을 주시며, 우리의 공로가 아니라 그분의 성품에 근거하여 약속들을 이루어주신다.

하지만 이 말이 하나님을 기쁘시게 하는 삶을 살아야 할 우리의 의무를 면제해주는 것은 아니다. 우리가 거룩한 삶을 위해 애쓰기를 바라신다고 성경에서 여러 차례 말씀하신다(히 12:14). 그러나 하나님께서는 우리가 넘어져도 물리치거나 하나님나라 밖으로 추방하지 않으신다. 대신 사랑으로 꾸짖으시고, 이전에 주셨던 약속을 재차 확인해주신다.

하나님께서 아브람의 이름을 '아브라함'으로 바꿔주신 것도 바로 이때다(창 17:5). 하나님께서는 계속 말씀하시는 가운데 아브라함을 신실하게 대하실 거라고 하셨고, 이전에 그와 맺었던 언약의 관계를 그의 자손들에게 지속할 거라고 하셨다. 그리고 아브라함과 그의 후손들과 맺은 언약의 징표로 할례를 명하셨다. 그런 다음 사래가 아브라함에게 주기로 작정하신 아들의 어미가 될 거라고 명백하게 설명해주셨다.

아마 당신은 하나님께서 이런 말씀을 다 끝마치신 뒤에 아브라함이 전능하신 하나님 앞에 엎드려 지난날의 죄에 대한 용서를 간청하거나 돌 하나를 세우고 거기에 기름을 부었을 거라고 생각할 것이다. 그러나 아브라함은 그런 일을 하지 않았다.

아브라함이 엎드려 웃으며 마음속으로 이르되 백 세 된 사람이 어찌
자식을 낳을까 사라는 구십 세니 어찌 출산하리요 하고 아브라함이
이에 하나님께 아뢰되 이스마엘이나 하나님 앞에 살기를 원하나이다

창 17:17,18

전능하신 하나님의 말씀을 다른 누구도 아닌 그분 앞에서 대놓고 의
심하는 아브라함의 어처구니없고 주제넘는 행동이 이어진다. 하지만
나 역시도 아브라함처럼 간청하면서 죄를 범한다. 본래 기대했던 것
들에서 수위를 차츰 낮춰 하나님께 간청한다. 약속과 성취 사이의 오
랜 기간이 내가 처음에 굳게 믿었던 것들에서 나를 점점 멀리 떼어놓
기 때문이다.

나는 하나님께서 빠져나가실 수 있게 길을 마련해둔다. 하나님께
부담을 덜어드리려고 한다. 불가능한 것들을 행하기 위해 애쓰시는
일이 없도록 하기 위해서 내게 합리적으로 여겨지는 것들이라도 행하
실 수 있도록 하나님의 마음을 편하게 해드린다. 하나님께서 불가능
한 것들을 행하시기 위해서 약속과 성취 사이의 초라하고 힘든 중간
기간이 길어지면 나 자신이 힘들어지기 때문이다.

아브라함은 웃었지만 하나님께서는 그의 행동에 노하지 않으시고
계속 말씀하셨다.

네 아내 사라가 네게 아들을 낳으리니 창 17:19

하나님께서 아브라함의 무슨 간청에 "그래!"라고 대답하셨는지 주목하길 바란다. 아브라함은 이스마엘이 하나님의 축복 아래에서 살게 해달라고 간청했고, 하나님께서는 그렇게 하겠노라고 하셨다. '하나님을 배제하고 독자적으로 문제를 해결해보자!'는 인간의 교만한 태도에서 태어난 아들을 축복하시겠다고 분명히 약속하셨다(창 17:20). 그리고 나중에 아브라함이 이스마엘을 집에서 내쫓았을 때도 그를 직접 돌봐주셨다(창 21:20). 아브라함이 늙어 죽었을 때 이스마엘과 이삭은 함께 아버지를 장사지냈다(창 25:9).

약속의 결실

아브라함이 낳을 아들의 이름을 '이삭'이라고 짓겠다는 하나님의 결정에 아브라함이 어떤 역할을 했는지, 아니면 하나님께서 줄곧 그 이름을 생각하고 계셨는지는 알 수 없다. 아브라함은 땅에 엎드렸고, 노년에 이른 자신과 아내가 아들을 낳게 될 거라는 하나님의 말씀에 이스마엘이라도 축복을 받게 해달라고 간청했다. 그러자 하나님께서 말씀하셨다.

하나님이 이르시되 아니라 네 아내 사라가 네게 아들을 낳으리니 너는 그 이름을 이삭이라 하라 창 17:19

"그래, 열국의 아비야! 이스마엘을 축복해줄게. 하지만 네 아내 '열국의 어미'가 네게 아들을 낳아줄 것이니, 그 아이의 이름을 '그가 웃다'라고 하라."

하나님께서는 아브라함의 두 아들 모두를 얼마나 많이 축복해주실 것인지, 그의 몸에서 한 민족이 아니라 두 민족이 어떻게 나오게 될 것인지를 계속 설명하셨다. 그는 하나님과의 이 대화를 나누고 자신의 식솔 중 남자들에게 할례를 행했다.

얼마 후에 하나님께서 아브라함에게 천사 셋을 보내셨고, 그들은 아브라함의 아들이 잉태될 때가 되었다고 말해주었다. 이번에는 사라가 웃었고, 하나님께서는 그녀의 웃음에 농담으로 화답하셨다. 그로부터 얼마 후 아브라함은 사라와 동침을 했다. 그들은 하나님의 약속을 굳게 붙잡았고, 그 약속의 결실을 맺기 위해 인간으로서 담당할 몫을 다했다.

모두 내려놓고
나만 바라 봐

아브라함의 생애를 통해서 나는 깨달았다. 하나님께서 주신 약속에 반응하여 내가 그린 그림을 놓아야 한다는 것을. 또한 삶에 폭풍우가 몰아칠 때 하나님의 약속에 나를 단단히 붙들어 매야 한다는 것도. 이는 거친 태풍에 휩쓸려 저 멀리 날아가는 것을 막을 수 있기 때문이다. 또한 하나님의 약속에 집중되었던 것을 그 약속을 주신 분께 집중시켜야 할 때가 온다는 것도 알게 되었다.

아브람이 여호와를 믿으니 여호와께서 이를 그의 의로 여기시고 창 15:6

하나님께서는 아브람이 아이를 갖게 될 거라고 분명히 말씀하셨다.

그러나 아브람은 자신에게는 여전히 자식이 없다고 하나님께 설명했다. 가장 정직한 마음으로 하나님께 간청하는 그의 모습이 처음 등장하는 대목이다. 이 구절은 그가 그렇게 설명한 직후에 하나님께서 주신 말씀이다.

아브람의 생애의 이 순간과 관련되어 제니퍼 케네디 딘(Jennifer Kennedy Dean, 영성작가)은 다음과 같이 말했다.

"아브라함은 하나님을 믿었고, 하나님께서는 그것을 그의 의로 여기셨다. 그의 삶의 장대한 이야기 전체가 처음부터 끝까지 이 순간을 중심으로 돌아간다. 아브라함은 하나님을 믿었다. 이 구절에 쓰인 히브리어 동사는 마치 어린아이가 부모에게 자신을 의탁하듯 하나님께 자신을 맡겼다는 뜻을 암시한다. 하나님께서는 전에 그에게 약속을 하셨다. 그런데 그가 그전까지는 못 믿다가 이제 와서 믿게 되었다는 뜻일까? 아브라함은 과거에도 믿었다. 그는 하나님의 약속을 굳게 믿고서 자신의 모든 것들을 위험에 내맡겼던 사람이다. 그러나 과거에 그가 하나님을 믿을 수 있었던 것은 하나님께서 약속해주신 것들이 믿을 만했기 때문이었다. 하나님께서는 그에게 약속하셨다. 그는 그 약속에 대해 평가하면서 자신에게 말했다.

'맞아, 일어날 수도 있는 일이야!'

하나님께서 그에게 아들을 약속해주셨을 때는 그와 사래가 자녀를 낳을 수 있는 나이였다. 따라서 아들을 낳으리라는 하나님의 약속은 아브라함에게 충분히 믿을 만한 일이었다. 그래서 아브라함은 그 약속을 믿었지만 이제 그것은 더 이상 믿을 만한 게 아니었다. 그 약속은 아들을 낳는 것에 달려 있는데 사래는 여성의 생리(生理)가 끊어진 지 오래였다. 그래도 아브라함은 하나님을 믿었다. 지금의 믿음과 과거의 믿음은 다르다. 지금 그의 믿음은 하나님이 누구신가에 기초한 믿음이며, 그의 방패이고 상급이신 하나님께 근거한 믿음이었다.

아브라함은 자신의 환경에 쏠려 있던 초점을 돌려 친히 약속하신 것들을 능히 행할 능력을 갖고 계신 분께 집중시켰다. 순간 믿음이 넘쳐났고 그는 믿음을 받았다. 그는 살아 계신 하나님의 살아 있는 말씀에 자신을 내맡겼고, 하나님의 약속이 이루어질 가능성이 여전히 남아 있는지 확인하면서 자신의 환경을 평가하고 가늠해보는 것을 중단했다. 그는 하나님께서 하나님의 때에 약속을 이루시도록 맡겨드렸다. 그는 믿음을 받았다."

하나님께서는 아브라함의 믿음을 의로 여기셨다. 당신은 하나님을 믿는가?

그분을 받아들여라

아브라함과 사라의 아들 '그가 웃다'는 아브라함이 백 세 때에 출생했다. 사라는 노년임에도 산통을 잘 견디고 순산했고, 모든 사람들이 그들 부부와 함께 즐거워했다(창 21:1-7). 얼마나 감격하고 기뻐했을지 나로서는 상상하기조차 힘들다. 그러나 아브라함의 이야기는 거기에서 끝나지 않는다. 아브라함과 그의 믿음은 이삭에 대한 하나님의 뜻밖의 명령으로 최대의 위기를 맞는다.

때로는 하나님께서 우리 마음에 전혀 들지 않는 것들을 말씀하신다. 어느 날 하나님께서 아브라함을 부르셨다.

"아브라함아! 네가 사랑하는 외아들 이삭을 데리고 모리아 지역으로 가라. 그리고 내가 지시하는 산에 올라가서 그 아이를 번제의 제물로 바쳐라."

하나님의 약속의 성취로 태어난 아들을 번제 제물로 바치라고 말씀하시는 이유가 무엇일까? 왜 하나님은 우리에게 가장 소중한 것을 내놓으라고 요구하시는 걸까?

오랜 세월을 살아오면서 상상할 수조차 없는 많은 일들로 고통을 당했다. 우리 삶의 환경과 하나님의 선하심이 정확히 일치하지 않는 것처럼 느껴질 때가 종종 있다. 이 이야기에서도 헷갈리게 만드신다. 그래서 창세기 22장 1-2절을 반복해서 읽으며 하나님께 물었다.

"하나님, 그렇게 명하신 까닭이 무엇입니까?"

그리고 그 대답을 발견했다.

그 일 후에 하나님이 아브라함을 시험하시려고 _창 22:1_

하나님께서는 아브라함을 시험하시려고 귀한 아들을 모리아 지역으로 데리고 가서 번제 제물로 바치라고 말씀하셨다. 그 다음으로 하나님께 묻고 싶은 질문은 이것이었다.

"하나님, 아브라함이 그 아들을 얼마나 사랑하는지 모르셨습니까?"

나는 창세기 22장을 다시 읽었다. 그리고 이삭을 향한 아브라함의 사랑이 얼마나 애틋한지 하나님께서 잘 알고 계셨다는 사실을 깨닫게 되었다.

네 아들 네 사랑하는 독자 이삭을 데리고 창 22:2

하나님께서는 아버지의 마음을 갖고 계시기에 아버지의 사랑을 잘 알고 계신다. 우리는 이 사실을 알게 될 때 자신의 외아들, 자신이 사랑하는 그 아들이 십자가에서 죽어가는 모습을 지켜보면서 하나님께서 감내하셨을 고통을 더 잘 이해할 수 있게 된다.

아브라함은 하나님의 말씀에 매우 신속하게 순종한다. 만약에 내가 아브라함이었다면 하나님이 수십 년이 걸려 약속을 이루셨으니 나도 이삭을 모리아 지역으로 데리고 가는 것을 얼마간 미루어도 괜찮을 거라고 생각했을 것이다. 그러나 아브라함은 바로 다음날 아침 일찍 일어나 나귀에 안장을 얹었다(창 22:3).

창세기 22장 4절에 따르면 아브라함과 그의 종들과 이삭이 모리아 지역에 당도하는 데 사흘이 걸렸다고 한다. 그 시간이 아브라함에게 어떻게 느껴졌을지 상상을 해본다. 몇 명의 여행자들이 한밤중에 모닥불 주변에 둘러앉아 도란도란 이야기를 나누는 장면을 그려본다. 그들은 서로 농담을 주고받지만 아브라함은 여느 때와 달리 조용하다. 깊은 생각에 잠겨 아들을 응시하는 그의 눈에서는 굵은 눈물이 흘

러 불을 타고 내려간다. 모두들 피곤에 지쳐 잠이 들지만 아브라함은
잠을 이룰 수 없어 밤하늘을 바라본다. 별들을 헤아리기 시작한다. 아
주 오래전에 하나님께서 별들을 보여주시며 약속하셨던 말씀이 아직
도 그의 기억에는 생생하다.

아마 그는 다음날 아침에 제일 먼저 일어나 고른 숨을 내쉬며 자고
있는 아들을 내려다보았을 것이다. 아들의 머리카락을 손가락으로 쓸
어내렸을 것이다. 아직 앳된 티를 벗지 못한 얼굴의 보드라운 살결을
느끼면서 뺨도 어루만졌을 것이다. 그리고 하나님께서 약속을 반드시
지켜주신다는 생생한 증거, 자신의 살과 피인 아들을 바라보면서 깊은
생각에 잠겼다가 살며시 흔들어 깨웠을 것이다.

마침내 모리아 지역에 당도했을 때 아브라함은 종들에게 매우 흥미
로운 지시를 했다.

이에 아브라함이 종들에게 이르되 너희는 나귀와 함께 여기서 기다
리라 내가 아이와 함께 저기 가서 예배하고 우리가 너희에게로 돌아
오리라 창 22:5

여기서 아브라함이 종들에게 "우리가 너희에게로 돌아오리라"고
말한 점을 주목하라. 아브라함은 하나님께서 이삭을 다시 살려내실
거라고 믿었다. 그 아이는 약속의 자녀였고 기적적으로 잉태되어 태
어난 아들이었다. 그의 생애 대부분을 뒤덮어온 하나님의 약속의 생
생한 결과물이자 현재의 실체였다. 아브라함은 하나님께서 자기에게

주신 약속을 깨지 않으실 뿐 아니라 깨실 수도 없다고 믿었다. 그러므로 이전에 자기 삶에서 행하셨던 불가능한 것을 가능케 하셨던 일을 또 다시 행하실 수 있다고 확신했을 것이다.

아브라함은 이삭의 등에 땔감을 지우고, 자기는 불과 칼을 들고 산으로 올라갔다. 그 길에서 이삭이 묻는다.

"아빠, 불과 나무는 여기 있는데 번제로 드릴 어린 양은 왜 없어요?"

아브라함이 대답한다.

"아들아, 어린 양은 하나님께서 직접 준비해주실 거란다."

견디기 힘든 상황이 닥치기 전에 하나님을 신뢰하는 것과 그런 상황에서 모든 게 잘될 거라고 믿는 것은 전혀 다른 문제다. 후자의 경우에 인간은 당혹스러움을 피하기 어렵다. 아마 아브라함은 이삭의 궁금증에 그렇게 대답했을 때 목이 메어 몇 번이나 기침을 했을지도 모른다.

아브라함은 하나님께서 지시하신 곳에 이르자 제단을 쌓고 그 위에 땔감을 가지런히 올려놓았다. 아마 이삭도 아빠를 도왔을 것이다. 그리고 바로 다음 순간, 아브라함은 생각할 수조차 없는 일을 시작했다. 자기 아들을 꽉 붙잡고 결박하여 제단 위에 누인 것이다. 성경이 말해주는 것은 그게 전부다. 이삭이 빠져나가려고 했는지, 살려달라고 애원을 했는지, 아버지를 이상한 눈으로 바라보면서 이유를 따졌는지 알 수 없다. 다만 이삭이 제단 위에서 조용히 누워 있었다는 사실만 알 수 있을 뿐이다.

마침내 '열국의 아비'가 칼을 든 손을 높이 쳐들어 '그가 웃다'를 도살하려고 했을 때 하나님의 천사가 소리쳤다.

"아브라함아, 멈춰!"

아브라함이 하나님과 동행하면서 그동안 겪은 일들과 이삭의 성장 과정을 보여주는 장면들이 빠르게 스치면서 지나간다. 천사가 계속 말한다.

"네가 사랑하는 외아들까지도 서슴지 않고 내게 바쳤으니 네가 나를 경외하는 줄을 이제 알았다."

하나님께서 우리를 시험하실 때 과연 우리가 하나님을 믿고 있는지 알기를 원하신다. 하나님께서는 우리가 우리 자신의 추론이나 희망 사항이나 필요한 것들이나 심지어 약속의 성취로 주어진 것들에 대한 소유권을 기꺼이 포기할 마음이 있는지를 알고 싶어 하신다. 때로 하나님께서는 우리 삶에 상상도 못했던 일들을 일으키신다. 그리고 그런 상황에서도 우리가 하나님을 신뢰하는지를 면밀히 지켜보신다.

🌸 로마서 4장 18 – 22절

아브라함의 믿음은 신약성경에 두 차례 언급되어 있다. 신약성경의 기자들은 그를 하나님을 신뢰하기로 의식적으로 결단한 인물로 가리키고 있다. 바울은 로마 교회에 보내는 편지에서 다음과 같이 기록했다.

아브라함이 바랄 수 없는 중에 바라고 믿었으니 이는 네 후손이 이 같으리라 하신 말씀대로 많은 민족의 조상이 되게 하려 하심이라 그가 백 세나 되어 자기 몸이 죽은 것 같고 사라의 태가 죽은 것 같음을 알고도 믿음이 약하여지지 아니하고 믿음이 없어 하나님의 약속을 의심하지 않고 믿음으로 견고하여져서 하나님께 영광을 돌리며 약속하신 그것을 또한 능히 이루실 줄을 확신하였으니 그러므로 그것이 그에게 의로 여겨졌느니라 롬 4:18-22

아브라함이 믿음의 아버지인 이유는 변함없는 마음으로 늘 하나님과 동행했고 "하나님께서 약속하신 그것을 또한 능히 이루신다는 것"을 깨달았기 때문이다.

 히브리서 11장 17 – 19절

아브라함은 시험을 받을 때에 믿음으로 이삭을 드렸으니 그는 약속들을 받은 자로되 그 외아들을 드렸느니라 그에게 이미 말씀하시기를 네 자손이라 칭할 자는 이삭으로 말미암으리라 하셨으니 그가 하나님이 능히 이삭을 죽은 자 가운데서 다시 살리실 줄로 생각한지라 비유컨대 그를 죽은 자 가운데서 도로 받은 것이니라 히 11:17-19

이 단락에서 내가 가장 좋아하는 대목은 "그가 하나님이 능히 이삭을 죽은 자 가운데서 다시 살리실 줄로 생각한지라 비유컨대 그를 죽은 자 가운데서 도로 받은 것이니라"는 부분이다.

둘째 딸 칼리는 매우 논리적인 아이다. 오랜 세월의 경험으로 볼 때, 논리적인 사람들은 믿음의 도약을 하기가 그리 쉽지 않다. 믿음은 종종 '상상'을 요하는데 논리적인 사람들은 풍부한 상상력을 지니고 있지 못하기 때문이다. 하지만 칼리는 우리 가족이 많은 환난을 겪던 그해에 하나님을 믿기로 선택했고 기도했다. 매일 성경을 읽으며 우리 가족의 장래에 관해 하나님께서 주신 약속들을 서로 나눴다.

칼리는 하나님께서 이삭을 다시 살리실 줄로 아브라함이 생각했다는 히브리서 구절을 읽은 뒤에 내게 말했다.

"엄마! 내가 보기에는 하나님 입장에서는 약속을 깨는 것보다 이삭을 죽음에서 살려주시는 게 더 쉬울 거라고 아브라함이 생각한 것 같아요. 논리적으로 그런 결론에 도달한 거예요."

그 아이는 자기 생각이 확실히 옳다고 생각했다. 나도 그 생각에 이견을 제시하지 않았다.

아브라함은 아직 성취되지 않은 약속 위에서 간절한 갈망으로 살아가면서 하나님과의 관계에서 성숙했다. 그는 하나님께 등을 돌리고 돌아서기보다 그분의 얼굴을 향했고, 욥의 아내가 자기 남편에게 재촉한 것처럼 하나님을 저주하고 죽어버리기보다는 하나님 쪽으로 달려가 그분을 꽉 붙잡았다.

그러므로 그것이 그에게 의로 여겨졌느니라 롬 4:22

"현실이니 어쩔 수 없잖아"라는 말을 입에 달고 사는 친구가 있다. 나는 그 말에 어느 정도는 공감한다. 괴롭고 힘든 현실을 변화시키기 위해 내가 할 수 있는 일이 그리 많지 않기 때문이다. 하지만 그 말은 다른 한편으로는 내 믿음과 대립된다.

어느 날, 내 블로그에 '현실이니 어쩔 수 없다'는 글을 올린 적이 있다. 이 글에 누군가 댓글을 달았다.

"눈에 보이는 것이 전부는 아닌 것 같아요. 나는 하나님께서 우리와는 매우 다른 관점으로 모든 것들을 보신다는 사실을 나 자신에게 늘 상기시켜요. 현재의 상황이 전부는 아닌 거죠."

그 글을 읽는 순간 또 다른 말이 떠올랐다.

"나는 '그게 현실이니 어쩔 수 없잖아'라는 문장을 좋아하지 않아. 그건 타당한 표현이 아니야. 현실은 있는 그대로의 그 자체가 아니라 선하신 하나님께서 의도하신 것들의 결과야. 따라서 우리는 언제까지나 소망을 가질 수 있는 거야. 나는 '어쩔 수 없잖아'라는 말이 나오는 상황을 늘 그런 관점으로 보거든."

이 말은 하나님께서 논리를 밀어낸다는 사실을 훌륭하게 상기시켜준다. 당신의 현실이 하나님의 약속과 일치하지 않는가? 하나님께 받은 약속을 더 이상 신뢰하지 못하겠는가? 그렇다면 당신의 슬픔이든 갈망이든 소망이든 확신이든, 그 무엇이든지 다 하나님의 성품에 맡겨라.

A Woman's Guide to Hearing God's Voice

두려움을 없애시는
하나님 음성

PART

2

난 널 잊은 적이 없단다

곤경으로 이끄심

우리에게는 하나님의 성품을 붙잡고 약속해주신 모든 것들을 이루어 주실 때까지 놓기를 거부할 수 있는 특권이 있다. 하나님의 약속과 성취 사이의 초라한 때가 당신의 믿음을 성장시킬 수 있는 중요한 시기라는 것을 명심해야 한다. 당신의 믿음이 성장하면 하나님의 음성을 듣는 능력도 증대된다. 또 그렇게 되면 하나님나라에서의 당신의 역할도 커진다. 하나님께서는 음성을 듣는 영적인 귀가 있는 사람들을 들어 쓰신다. 하나님께서 자신의 영광을 세상에 드러내기 위해서 당신의 삶을 들어 쓰시기로 결정하실 것이다.

요셉의 이야기는 창세기 37장과 39장부터 50장까지 나온다. 우리는 성경에서 열일곱 살의 요셉을 처음 만난다. 그리고 그가 아버지의 총애를 한 몸에 받는다는 것도 알게 된다. 요셉은 아버지 야곱이 노년에 얻은 귀한 아들이었다. 성경에서 채색 옷이 몇 군데에 언급되는데, 요셉이 그 옷을 입은 사람 중 하나였다. 야곱은 요셉을 특별히 사랑하여 그 옷을 입혔고, 그로 인해 그의 형들은 그를 미워했다. 이에 대해 창세기 37장 4절은 말한다.

> 그의 형들이 아버지가 형들보다 그를 더 사랑함을 보고 그를 미워하여 그에게 편안하게 말할 수 없었더라

요셉은 형들과 섞이지 못했다. 어느 집이나 형제들은 짓궂은 정도를 넘어 모진 장난을 칠 수 있지만 결정적인 순간에는 자기 형이나 동생의 편을 들기 마련이다. 하지만 요셉의 형들은 그러지 않았다. 설상가상으로 요셉은 몇 가지 놀라운 꿈을 꾸었다. 하나님께서는 그에게 믿기 어려울 만큼 경이로운 꿈을 주셨지만 그것을 마음에 혼자 간직하는 분별력은 주시지 않았다.

> 요셉이 꿈을 꾸고 자기 형들에게 말하매 그들이 그를 더욱 미워하였더라 요셉이 그들에게 이르되 청하건대 내가 꾼 꿈을 들으시오 우리가 밭에서 곡식 단을 묶더니 내 단은 일어서고 당신들의 단은 내 단을 둘러서서 절하더이다 창 37:5-7

꿈 이야기를 들은 형들은 그를 더 미워하게 된다. 그러던 어느 날 요셉은 또 다른 꿈을 꾸었고 또 형들에게 말한다.

"형들! 믿지 못하겠지만 내가 꿈을 또 꾸었는데…."

"저놈 목소리만 들어도 토할 거 같아."

형들이 말한다.

"해와 달과 열한 개의 별이 나한테 절을 하는 거야!"

이번에는 야곱조차도 그를 꾸짖는다.

"네 엄마와 나와 열한 명의 네 형들이 너한테 절을 하게 될 거라고 말하는 것이냐?"

이 일로 그의 형들은 시기심에 사로잡혔지만 야곱은 그것을 마음에 새겨두었다(창 37:11). 어느 날 요셉이 아버지의 심부름으로 형들을 찾아갔을 때, 그들의 시기심과 좌절이 폭발했다. 다윗의 아버지가 전장(戰場)에 나간 아들들의 안부를 확인하기 위해 막내인 다윗을 보냈을 때 다윗은 거인 골리앗을 때려 눕혔지만 요셉의 운명은 그렇지 못했다. 오히려 '시기심'이라는 거인이 요셉을 구덩이에 처넣었다.

인간적인 눈으로 볼 때 요셉의 삶은 그의 꿈에서 암시되었던 하나님의 약속에서 멀어져 추락하기 직전이었다. 그런 상황에서도 하나님께서는 요셉을 향한 그분의 계획과 목적을 정확하고, 꼼꼼하고, 체계적으로 이루어가셨다. 이사야 선지자가 말했다.

이는 내 생각이 너희의 생각과 다르며 내 길은 너희의 길과 다름이니라 여호와의 말씀이니라 이는 하늘이 땅보다 높음같이 내 길은 너희의 길보다 높으며 내 생각은 너희의 생각보다 높음이니라 이는 비와 눈이 하늘로부터 내려서 그리로 되돌아가지 아니하고 땅을 적셔서 소출이 나게 하며 싹이 나게 하여 파종하는 자에게는 종자를 주며 먹는 자에게는 양식을 줌과 같이 내 입에서 나가는 말도 이와 같이 헛되이 내게로 되돌아오지 아니하고 나의 기뻐하는 뜻을 이루며 내가 보낸 일에 형통함이니라 사 55:8-11

"하나님께서는 요셉이 곤경에 빠졌을 때 어디에 계셨을까?"라는 우리의 질문에 대한 대답은 "바로 그곳에 그와 함께!"라는 것이다. 요셉은 곤경에 처했지만 하나님께서는 더 높은 것들을 생각하셨고, 두 차례의 꿈으로 받은 말씀을 이루기 위해 역사하셨다. 당신이 곤경에 빠졌을 때 하나님은 바로 그곳에 당신과 함께 계신다. 더 높은 것들을 생각하시고, 더 나은 길로 안내하시면서 당신과 함께 계신다. 당신에게 주신 약속을 현실로 이루기 위해 역사하시며 함께 계신다.

사탄의 공격

요셉도 형들이 자기를 미워하고 있다는 것을 알고 있었다. 하지만 이런 일은 한 번도 생각해보지 않았을 것이다. 나는 여섯 가지 엄청난 사건들이 일시에 몰아쳐 내 삶을 송두리째 흔들었던 2010년이 되기 전까지는 비교적 평온하게 살았다. 그전까지는 인생의 질곡이 거의 없는 삶이었다. 이후에 겪은 곤경이 매우 무겁게 느껴진 건 그런 동화 같은 삶을 살았기 때문일지도 모른다. 아이들이 포근한 인생의 기후가 급변하여 돌연 찬바람이 몰아칠 때 대처할 준비가 되어 있지 않은 것처럼.

아름답게 장식된 채색 옷은 노예들을 위한 게 아니다. 따라서 요셉은 컴컴하고 차가운 구덩이에 떨어졌을 때 무척 당황했을 것이고, 정서적으로 엄청난 충격을 받았을 것이다.

요셉을 구덩이에 던지자는 것은 맏형 르우벤의 생각이었다. 그것이 요셉에게 최악의 일이라고 생각할지 모르겠지만 형들에 의해 죽는 것보다는 나았다. 만약 르우벤이 그런 제안을 하지 않았다면 다른 형제들이 그를 살해했을 것이다. 하지만 르우벤이 어떤 이유로 그 현장을 잠시 떠나야 했던 것 같다. 왜냐하면 그가 그곳을 잠시 떠났을 때 이스마엘 사람들이 마침 지나갔고, 그것을 본 넷째 유다가 요셉을 죽이는 대신에 팔아 이윤을 남기자고 제안했기 때문이다. 그렇게 요셉은 은전 스무 냥에 이스마엘 사람들에게 팔렸다.

이 장면에는 오묘한 의미가 담겨 있다. 이스마엘 사람들은 요셉과 그의 형제들의 먼 친척이었다. 그들의 조상이 바로 아브라함이기 때문이다. 그들은 아브라함의 아들 '이스마엘'의 후손들이었다. 반면 요셉은 하나님의 약속으로 태어난 이삭의 자손이고, 그 또한 하나님께 약속을 받았다. 그런 요셉에게는 참으로 견디기 힘든 순간에 하나님의 약속에서 제외된 이스마엘의 후손들에게 팔려간다.

마치 어둠의 권세가 요셉을 무너트리기 위해 그의 상황을 한층 더 악화시키고 있는 느낌이다. 이스마엘 사람들은 하나님의 약속에서 제외된 족속들이었다. 영적전쟁은 언제나 늘 벌어지고 있다. 이 사건을 영적전쟁의 관점에서 보면 하나님의 약속을 가진 요셉을 쓰러트리기 위해 사탄의 본격적인 공격이 시작됐다는 것을 의미한다.

나는 사탄이 요셉을 멀리 데려가 그의 믿음을 제거하고 꿈을 없애버리기를 원했다고 생각한다. 그날 저녁에 다른 사람들도 그 길을 지나갈 수 있었는데, 사탄이 하나님의 약속에서 제외된 이스마엘 사람들을 지나가게 한 것이 그런 까닭이다.

하나님께서 하고 계셨던 일

하나님의 약속이 성취될 날만을 고대하면서 인내로 살았지만 질척한 구덩이에 던져진 것 같고, 하나님의 계획이 아닌 상황에 노예로 팔려간 것 같고, 하나님의 계획과는 정반대 방향으로 전속력으로 끌려가는 것 같은 느낌이 든다. 당신이 약속받은 땅은 분명 가나안인데 누군가에 의해 애굽 땅에 던져진 느낌이 들기도 한다. 당신이 그런 어려움을 당하고 있는 지금 하나님께서는 어디에 계시는 것일까? 그리고 요셉이 노예로 팔렸을 때는 어디에 계셨던 것일까? 하나님께서는 고개를 끄덕이시며 요셉에게 다음과 같이 속삭이셨다.

여호와의 말씀이니라 너희를 향한 나의 생각을 내가 아나니 평안이요 재앙이 아니니라 너희에게 미래와 희망을 주는 것이니라 너희가 내게 부르짖으며 내게 와서 기도하면 내가 너희들의 기도를 들을 것이요 너희가 온 마음으로 나를 구하면 나를 찾을 것이요 나를 만나리라 이것은 여호와의 말씀이니라 나는 너희들을 만날 것이며 너희를 포로 된 중에서 다시 돌아오게 하되 내가 쫓아 보내었던 나라들과 모든 곳에서 모아 사로잡혀 떠났던 그곳으로 돌아오게 하리라 이것은 여호와의 말씀이니라 렘 29:11-14

하나님께서 그 상황에서 무엇을 하고 계셨을지 잠시 생각해보자. 분노한 요셉의 형들이 요셉을 해치자고 했을 때 르우벤은 구덩이에 던지자고 제안했다. 하나님은 르우벤이 그런 제안을 할 만큼의 양심을 가질 수 있게 역사하셨다. 또한 이스마엘 사람들이 마침 그곳을 지나갔을 때 하나님은 유다의 금전욕을 자극하시어 요셉을 노예로 팔게 하셨고, 그가 애굽으로 가게끔 역사하셨다. 요셉은 그 순간 하나님께서 자기를 버리고 다른 곳에 가셨다고 생각했을 수도 있다. 그러나 하나님께서는 사탄이 그를 해할 의도로 계획한 것들조차도 유익으로 전환되도록 꼼꼼하게, 체계적으로 역사하셨다.

당신이 유랑 길에 오를 때 하나님은 당신의 귀에 속삭이고 계신다.

"나는 너를 향한 내 생각을 잘 알고 있단다. 그것은 재앙이 아니라 평안이란다. 네게 미래와 희망을 주는 거란다"(렘 29:11).

그러나 애굽으로 팔려갈 당시 요셉은 전혀 알지 못했다. 그날 밤 우리가 요셉 곁에 있었다면 아마 다음과 같이 말하는 그의 목소리를 들었을 것이다.

"하나님! 아버지가 보고 싶습니다. 어찌 형들이 제게 이런 일을 할 수가 있단 말입니까? 대체 어떤 사악한 자가 이런 일을 하는 것입니까? 하나님께서는 제게 약속하셨습니다. 제게 엎드려 절하는 곡식 단들과 별들은 다 어떻게 되는 것입니까? 그런 약속을 받은 제게 이런 일이 일어나다니요. 이런 계획들은 저를 번성하게 하는 게 아닙니다."

요셉이 정말 그렇게 말했는지는 알 수 없다. 하지만 나는 그렇게 말한 적이 있다. 어느 날 갑자기 내 인생을 엄습했던 깊고 질척한 구덩이들은 하나님께서 내게 약속하신 계획들과 전혀 어울리지 않는다고 하나님께 울며 하소연하면서 몇 개월을 보낸 적이 있다.

그러나 요셉의 이야기는 아직 끝난 게 아니다. 당신이 지금 요셉과 같은 처지에 있다면 당신의 이야기도 끝난 게 아니다. 요셉의 여정은 계속되었다. 애굽에 당도한 이스마엘 사람들은 바로 궁정의 경비대장인 보디발에게 요셉을 팔아넘겼다. 이 대목에서부터 요셉은 우리에게 귀한 교훈을 준다.

"요셉이 보디발에게 팔렸을 때 하나님께서는 어디에 계셨을까?"

우리가 계속 질문한다면 창세기 39장 2절이 답을 해준다.

여호와께서 요셉과 함께하시므로 그가 형통한 자가 되어 그의 주인 애굽 사람의 집에 있으니

요셉은 보디발의 집에서 종살이를 시작했을 때 하나님을 섬기면서 현재의 삶에 충실하기로 결단한다. 우울증에 빠질 수도 있고, 가족들을 그리워만 하면서 시간들을 보낼 수도 있지만 그는 보디발의 집에서 맡은 일들을 성실하게 수행한다. 만일 그가 과거를 한탄하고 헛된 몽

상에 잠겨 시간을 보냈다면 형통할 수 없었을 것이다. 풍성한 삶은 과거나 미래에서 체험할 수 있는 게 아니라 현재에서 체험하는 것이다.

이날은 여호와께서 정하신 것이라 이날에 우리가 즐거워하고 기뻐하리로다 시 118:24

우리의 마음이 과거에 묶여 있으면 후회와 가책과 슬픔과 부끄러움이 하나님의 축복들을 모조리 앗아간다. 그런 일이 일어나지 않도록 해야 한다. 또 우리의 마음을 아직 일어나지 않은 미래에 집중하면 일어날지도 모른다고 상상하는 것들에 대한 불안과 두려움과 걱정의 폭격을 당하게 될 뿐 아니라 현재 우리의 삶에 임하는 하나님의 능력을 놓치게 된다. 예수님은 "내가 온 것은 양으로 생명을 얻게 하고 더 풍성히 얻게 하려는 것이라"라고 말씀하셨다(요 10:10). 그 생명은 바로 오늘에 있다.

시련이 닥쳤을 때 아무것도 포기하지 않고 현재의 순간에 충실하면서 사는 훈련은 강력한 결과를 낳는다. 요셉의 경우는 그런 훈련으로 자신뿐 아니라 그와 함께 있는 사람들도 축복을 받았다. 보디발의 집 전체가 그와 함께 축복을 받았다.

나도 약속과 성취 사이의 초라한 중간 기간을 지날 때 현재에 충실하고자 애쓰지만 그리 쉽지는 않다. 내 생각은 어제를 방황하면서 후회의 목록을 끝없이 작성하고, 자꾸 뒤를 돌아볼 뿐 아니라 앞에 있는 것들도 미리 쳐다보았다. 하나님께서 주신 소망이나 약속이나 꿈을 바라보는 게 아니라 장래에 대한 헛된 몽상과 부질없는 걱정에 사로잡혀 있었다.

하나님을 신뢰하기로 결단하라

하나님의 음성을 듣는 능력을 개발하려면 개인 경건에 전념해야 한다. 나는 매일 아침 성경을 통해 내게 하시는 말씀을 종종 듣기도 하고, 내가 읽은 성경 말씀에 근거한 특별한 생각을 주시기도 한다.

어느 날 아침, 내가 아이들을 위해 기도하고 있을 때 하나님께서 우리의 깊은 갈망을 알고 계시다는 것과 삶의 세세한 부분까지도 주권적으로 다스리신다는 것과 진정으로 믿으면 현재 상황이 어떻든지 그 안에서 편히 쉴 수 있다는 것을 알려주셨다.

나는 요셉도 그런 진리를 깨달았을 거라고 생각한다. 그에게는 하나님께서 자기를 버리셨다고 생각할 만한 이유들이 많았다. 하지만 그의 행동은 그가 그런 싸움을 하느라 정신적, 정서적 에너지를 허비하지 않았다는 것을 입증한다. 그는 보디발의 집에서 매우 성실하게 일했고, 보디발은 자신의 모든 식솔들과 소유를 그에게 일임했다(창 39:5). 또한 감옥에 갇혔을 때도 간수장의 호의를 입어 옥중의 제반 사무를 맡아서 처리했다. 만일 그가 과거에 자신에게 일어났던 일들을 한탄하고, 불확실한 장래에 일어날지도 모를 일들을 걱정하면서 시간과 에너지를 낭비했다면 현재의 환경에서 그렇게 형통하지는 못했을 것이다.

요셉은 자신의 삶에 하나님께서 친히 개입하신다는 것을 믿었고, 그런 하나님께 생각과 마음을 집중했다. 그 결과로 그가 받은 보상은 다른 어떤 선물보다 귀했다. 일상의 삶에서 은총을 허락하시는 하나님을 체험했기 때문이다. 보디발의 아내가 요셉을 유혹하여 그가 강간 미수 누명을 쓰고 감옥에 갇혔을 때조차도….

여호와께서 요셉과 함께하시고 그에게 인자를 더하사 간수장에게 은혜를 받게 하시매 창 39:21

요셉은 자기를 시기하는 형들에게 아무것도 할 수 없었다. 그들을 설득하여 사악한 음모를 포기하게 만들 수 없었다. 한 아버지 밑에서 자란 형들이 어떻게 그럴 수 있을까 의아해한다고 얻을 수 있는 것은 아무것도 없었다. 보디발의 아내를 추행한 혐의로 억울하게 잡혔을 때도 그는 그 재판에서 이길 수 없었다. 보디발이 그 사건의 진상을 알았다고 해도 별반 달라질 것은 없었을 것이다. 하지만 요셉은 하나님께서 자신의 깊은 소망을 누구보다 더 잘 아시며 자신의 삶의 모든 것들까지도 주권적으로 다스리신다는 것을 믿었다. 그러므로 애굽의 컴컴하고 습한 지하 감옥 안에서조차 평안히 쉴 수 있었고, 번영할 수 있었다.

물론 성경은 '요셉이 평안히 쉬었다'라고 말하지 않는다. 하지만 그가 모든 일을 성공적으로 처리했고(창 39:2), 보디발과 간수장의 호의를 입어 위치가 격상되었고(창 39:4,22), 하나님께서 그에게 인자를 더해주셨고(창 39:21), 범사에 형통하게 해주셨다(창 39:23)고 말한다. 따라서 그가 자신의 과거와 미래를 하나님께 온전히 맡기고 현재의 상황에서 하나님을 진실하게 섬기면서 살기로 결단했을 때 평안히 쉬었을 거라고 유추해볼 수 있다.

하나님께서 우리의 가장 깊은 갈망을 잘 알고 계시며 우리 삶의 세세한 부분들까지도 주권적으로 다스리신다는 것을 믿는다면 우리의 현재 상황이 어떻든지 그 안에서 편히 쉴 수 있다. 아름다운 채색 옷을 입고 고향 땅의 아버지 집에서 편하게 잠을 자든지, 번영하는 애굽 시민의 특전과 부를 누리고 있든지, 습한 지하 감옥의 딱딱하고 차가운 바닥에 누워 있든지….

어쩌면 하나님께서 지금 당신을 고된 환경의 감옥에 가두셨을지 모른다. 그곳은 그분이 장차 당신을 높은 위치에 올리실 때 당신을 지탱해줄 수 있는 기술과 타인에 대한 연민과 놀라운 진리들을 배울 수 있는 유일한 장소이기 때문이다. 그러니 푸념하고 넋두리하면서 귀한 시간을 낭비하지 않도록 주의하라. 헛된 몽상을 하면서 에너지를 낭비하지 않도록 유의하라. 현재의 삶이 고단하고 뜻밖의 사건들로 당황되더라도 하나님은 당신 삶의 세세한 모든 것들까지 주권적으로 다스리신다는 것을 굳게 믿고 현재에 충실하면서 살아라. 하나님께서 당신의 삶에서 말씀을 이루어가면서 당신의 감옥에 함께 계시다는 것을 믿어라.

나의 하나님이 그리스도 예수 안에서 영광 가운데 그 풍성한 대로 너희 모든 쓸 것을 채우시리라 빌 4:19

자신을 정확히 입증해가시는 하나님

바로의 술 맡은 관원장과 빵을 굽는 관원장이 감옥에 갇혔다. 두 사람 모두 꿈을 꾸었는데 술 관원장이 먼저 자기 꿈을 요셉에게 이야기했고, 감옥 생활이 곧 끝날 거라고 그가 해몽해주었다. 그러자 빵 관원장도 그것에 용기를 얻어 자신의 꿈을 이야기했고, 요셉은 그가 곧 죽게 될 거라고 해몽했다.

그리고 사흘 후 요셉이 예언한 대로 술 관원장은 복직되었고, 빵 관원장은 처형되었다. 요셉은 출옥하거든 자신의 억울한 사정을 바로에게 탄원해달라고 술 맡은 관원장에게 부탁했지만 복직된 그는 요셉을 까맣게 잊었다. 이로써 요셉의 소망은 사라졌고, 무거운 침묵과 지루한 기다림의 시기로 들어가게 되었다. 자신의 상황에 하나님께서 개입하고 계시다는 것을 확인해줄 어떠한 소망의 빛도 없이 침묵과 단조로움 속에서 매일을 살아가는 것이 어쩌면 구덩이에 갇히는 것보다 훨씬 더 가혹했을 것이다. 요셉은 2년 동안이나 그런 삶을 살았다.

그러던 어느 날 바로가 꿈을 꾸었다. 이때 술 맡은 관원장은 요셉을 문득 떠올렸고, 이에 요셉이 바로 앞으로 불려나왔고, 바로는 그를 애굽의 2인자 자리에 올렸다. 이후 요셉은 자신에게 예정된 은총의 삶을 살았고, 오래전에 그의 꿈이 예견한 대로 그의 가족들은 그에게 머리를 조아렸다.

이 모든 것이 오늘 당신에게는 무엇을 의미할까? 구덩이에 던져지더라도, 하나님의 약속에서 제외된 이스마엘 사람들이 멀리 데려가더라도, 억울하게 지하 감옥에 갇히게 되더라도, 감옥에서 당신을 꺼내

줄 수 있는 유일한 사람이 당신을 까맣게 잊었더라도, 하나님께서는 당신을 신실하게 대하시며, 꼼꼼하고 체계적이고 정확히 자신을 입증하신다는 것이다.

그러나 요셉의 꿈과 애굽 생활 등 그 모든 것들이 오직 요셉에게만 관계된 게 아니라는 결정적인 진리도 놓치지 말라. 이것은 오래전에 아브라함에게 하신 약속을 지키기 위해서 이스라엘 백성들을 기근에서 구하고자 하시는 하나님의 사랑의 마음 안에서 고안된 것이었다. 하나님께서는 언제나 약속을 지켜주신다.

하나님께서 당신의 삶에서 행하신 일들은 오직 당신에게만 관계된 것이 아니다. 하나님께서는 당신에게 주신 모든 약속들을 지키실 뿐만 아니라 아브라함에게 하신 약속도 지키신 것이다.

내가 너로 큰 민족을 이루고 네게 복을 주어 네 이름을 창대하게 하리니 너는 복이 될지라 창 12:2

하나님께서 당신 안에서 시작하신 선한 역사를 끝마치시도록 순복할 때 당신은 다른 이들에게 축복이 될 것이다.

지난해 여름, 인생의 모질고 가혹한 풍파를 겪은 친구에게 내 모든 것을 털어놓았다. 그녀라면 모든 것을 이해하고 들어줄 것 같았다. 내 이야기를 다 듣고 나서 그녀가 말했다.

"네 환경의 부조리함에 대해 불평하는 것을 멈춰야 해. 대신 그런 상황에 있는 널 하나님께서 들어 쓰실 수 있도록 순종해야 해. 불합리하고 부조리하게 보이는 지금의 환경이 네 무대인 거야. 그 위에 올라가 하나님께 영광을 올려."

아마 지금 당신이 서 있는 무대는 좋아서 택한 것이 아닐 것이다. 인생의 쓰라린 풍파와 시련을 겪고 싶어 할 사람은 아무도 없다. 어쩌면 당신은 지금 당신 삶의 '이스마엘 사람들'에 의해 애굽으로 끌려가고 있는 중인지도 모른다. 그러나 더 높은 생각과 더 높은 길을 갖고 계신 하나님께서 당신과 함께하시고, 당신 삶을 위한 하나님의 계획들이 당신의 유익을 위한 것이고, 오늘 당신의 삶이 하나님의 공급하심뿐만 아니라 풍성하심으로 충만해질 수 있다는 것을 알게 될 때, 요셉을 따라 이렇게 말할 때가 반드시 올 것이다.

당신들은 나를 해하려 하였으나 하나님은 그것을 선으로 바꾸사 오늘과 같이 많은 백성의 생명을 구원하게 하시려 하셨나니 창 50:20

넘어진 그곳에서
기다릴게

만일 현재 당신이 처한 상황이 논리적으로 도저히 설명할 수가 없다면, 하나님께서 여전히 통치하시는 가운데 사탄이 당신을 해치기 위해 움직이고 있는 것이라고 확신해도 좋다.

나는 내 대장암이 사탄의 직접적인 공격이라고 생각한다. 그것이 사탄의 공격유형에 딱 맞아 떨어지기 때문이다. 나는 분명 암 예방을 위한 식단과 생활습관을 충실히 지켜왔고, 내 가족 중에는 유전적인 암 병력이 없다. 나 같은 유형의 사람이 대장암에 걸릴 확률이 2퍼센트 미만이라는 글을 내 주치의 진료실에서 읽은 적이 있다. 또한 몇 년 전부터 암과 관련된 문진(問診)을 했지만 아무 이상이 없었다.

그러다 암이 발견되고 수술한 후 완치 확률이 매우 높다는 소견을 들었다. 그런데 2년 뒤, 이 책을 쓰기 시작하면서 암이 재발했다는 진단을 받았다. 영적전쟁에 관한 책을 쓸 때는 암 초발 진단을, 이 책을 쓸 때는 재발 진단을 받은 것을 우연의 일치로 보기에는 석연치 않은 점들이 많다.

물론 우리에게 일어나는 모든 나쁜 일들이 다 사탄이 만들어내는 것은 아니다. 하지만 사탄은 실제로 존재하며 하나님의 자녀들에 대한 그들의 공격은 피할 수 없다. 특히 당신이 하나님의 능력을 나타내는 삶을 살고자 할 때는 그 공격을 더 피할 수 없다. 그것은 나쁜 소식이다. 그러나 좋은 소식도 있다. 성도들에 대한 사탄의 공격이 하나님께서 그들의 유익과 하나님의 영광을 위해 초자연적인 방법으로 역사하시는 완벽한 기회와 더불어 온다는 것이다.

몇 년 전 독일의 한 교회에서 기도모임을 인도한 적이 있다. 우리는 공식 일정을 마친 뒤 주변을 둘러보기로 했다. 자동차에 기름을 가득 채우고 내비게이션만 굳게 믿고 길을 떠났다. 스위스 알프스 지대를 향해 남쪽으로 내려가던 중에 큰 다리 앞에 이르렀다. 전방의 도로가 폐쇄되었다고 경고하는 도로표지판을 언뜻 본 것 같기도 했지만 내비게이션이 '직진'을 지시했기에 굳게 믿고서 직행했다. 그런데 다리 초입을 지나 중간쯤 이르렀는데 다리가 끊겨 있는 것이 아닌가! 급히 방향을 틀어 다른 길로 가보았지만, 내비게이션은 여전히 직진을 하라고 지시했다.

꿈에도 예상하지 못했던 일들이 일어날 때 내가 느끼는 게 바로 이렇다. 나는 하나님의 말씀을 굳게 믿는다. 그분의 길은 신뢰할 수 있는 길임을 굳게 믿는다. 그러나 바로 그 순간, 정말로 믿기 어려운 불행한 일들이 내게 일어나거나 혹은 내가 사랑하는 사람들에게 일어난다. 그리고 그럴 때면 '하나님께서 지금 내게 무슨 일을 하고 계신지 아시기나 한 걸까?' 하는 의구심이 솟구친다.

히스기야 왕에게도 그런 일이 일어났다. 그의 이야기는 열왕기하 18장과 19장, 역대하 32장, 이사야서 36장과 37장에 기록되어 있다. 히스기야의 아버지 아하스는 악한 왕이었지만 히스기야는 선한 왕이었다. 히스기야는 선한 제사장 스가랴의 외손자였다(대하 29:1, 사 8:2). 나는 그가 경건한 외조부에게 훈육을 받으면서 성장했을 거라고 생각한다. 왜냐하면 부왕 아하스가 매우 악했음에도 "히스기야가 이스라엘 하나님 여호와를 의지하였는데 그의 전후 유다 여러 왕 중에 그러한 자가 없었으니 곧 그가 여호와께 연합하여 그에게서 떠나지 아니하고"라고 성경이 히스기야에 대해 말하고 있기 때문이다(왕하 18:5,6).

그의 아버지는 하나님께서 보시기에 정직하게 행하지 않았지만(왕하 16:2) 그는 하나님과 동행하기로 결단했다. 그리고 유다 왕국을 통치하는 왕으로서 권위를 최대한으로 선용하여 전 국민적인 회개와 부흥을 일으켰다. 하지만 그는 하나님을 위해 그런 위대한 일들을 행하던 도중에 예상치 못한 국가적 위기를 맞는다. 그의 생애에 일어난 사건들을 짚어보면서 "히스기야 왕이 선한 삶을 살고 있을 때 하나님은 어디에 계셨을까?" 하는 질문에 대한 답을 찾아보자.

히스기야의 선한 업적

히스기야의 아버지 아하스는 바알들의 우상을 부어 만들고, 힌놈의 아들 골짜기에서 분향하고, 심지어 이방 사람들의 가증한 일을 본받아 그의 자녀들을 불살랐다(대하 28:2,3). 그러나 히스기야는 25세에 왕위에 올랐을 때 여호와께서 보시기에 정직하게 행했다(왕하 18:3). 히스기야의 어린 시절을 알 수만 있다면 그가 부왕의 악한 영향을 어떻게 피할 수 있었는지 이해할 수 있겠지만 성경에는 나오지 않는다.

역대하 29장부터 31장에 히스기야의 선한 업적 여섯 가지가 기록되어 있다. 성전 문을 열고 수리했고(29:3), 제사장들과 레위 사람들을 소집하여 성결하게 하고 영적 지도자로서의 본분을 수행하게 했고(29:4-11), 번제와 감사제를 회복하고 하나님의 집에서 찬양하고 예배했으며(29:30,31), 예배에 쓰일 희생 제물들을 자비로 충당했고(31:3), 십일조를 바쳐서 제사장들과 레위 사람들을 부양하라고 백성들에게 명하기도 했으며(31:4), 백성들이 후한 마음으로 바쳐 헌물이 넘쳐나자 성전에 창고를 준비하여 그것들을 보관하라고 명했다(31:5-11).

성경은 히스기야의 업적에 대해 다음과 같이 진술한다.

히스기야가 온 유다에 이같이 행하되 그의 하나님 여호와 보시기에 선과 정의와 진실함으로 행하였으니 그가 행하는 모든 일 곧 하나님의 전에 수종드는 일이나 율법이나 계명이나 그의 하나님을 찾고 한마음으로 행하여 형통하였더라 대하 31:20,21

순종에는 형통함이 뒤따른다. 사람들은 하나님을 신실하게 섬기면 당연히 형통하게 해주실 거라는 기대를 갖는다. 대장암 판정을 받기 전까지의 내 삶도 이 진리를 충실하게 입증하는 생생한 증거였다. 그 전까지의 삶은 다윗이 "내가 형통할 때에 말하기를 영원히 흔들리지 아니하리라 하였도다 여호와여 주의 은혜로 나를 산같이 굳게 세우셨더니"라고 고백했을 때와 같았다(시 30:6,7).

우리는 하나님의 은혜의 단비를 온몸으로 맞으며 많은 시간을 살아간다. 그것에 익숙해진 탓에 하나님이 우리의 산을 굳게 세워주신다는 사실조차 의식하지 못한다. 그러다가 그 산이 흔들리게 되면 그제서야 비로소 하나님께서 은혜로 굳게 세워주신 세월들을 당연하게 여기면서 살았다는 것을 깨닫는다.

우리는 "잘 믿으면 형통한다"는 생각을 갖고 있다. 당신은 히스기야의 이야기가 "형통했더라!"는 말로 종결되기를 바랄 것이다. 하나님 앞에서 선하고 의롭고 신실한 행위들을 할 때마다 그에 대한 보상으로 하나님께서 당신을 번영시켜주실 거라고 기대한다. 믿는 사람들이 하나님께 기대해도 좋은 것에 대해 성경은 이렇게 말한다.

여호와의 말씀이니라 너희를 향한 나의 생각을 내가 아나니 평안이요 재앙이 아니니라 너희에게 미래와 희망을 주는 것이니라 렘 29:11

우리를 향한 하나님의 계획은 평안이요 재앙이 아니다. 미래와 희망을 주는 것이다. 그러나 다윗은 시편에서 "주의 얼굴을 가리시매 내가 근심하였나이다"(시 30:7)라고 말했고, 나 또한 그런 심정으로 산 적이 있다. 나는 아무 문제없이 형통한 삶을 살고 있을 때는 다윗처럼 "나는 영원히 흔들리지 않을 거야!"라고 말했다. 그러나 지난 몇 년 동안은 다윗과 마찬가지로 근심하고 있다. 만일 지금 당신이 그렇다면 히스기야의 이야기가 바로 당신을 위한 이야기이다.

확신의 근거

히스기야는 형통했다. 그러나 그것은 시작일 뿐이었다. 그는 하나님께 충성했고, 하나님께서도 그의 순종을 기뻐하셨지만 그의 번영은 곧 장애에 부딪힌다.

> 이 모든 충성된 일을 한 후에 앗수르 왕 산헤립이 유다에 들어와서 견고한 성읍들을 향하여 진을 치고 쳐서 점령하고자 한지라 대하 32:1

히스기야는 하나님에 대한 충성심의 보상을 받아야 마땅하다. 그는 대외적인 평화와 번영을 구가하는 국가를 기대할 만하다. 인생에서 형통하기 위한 비결은 하나님께 순종하는 것이다. 그러나 앗수르 왕 산헤립은 히스기야의 하나님에게 관심이 없고 오로지 유다 왕국을 정복하고자 하는 야망만 있다. 그는 만족할 줄 모르는 야심과 탐욕과 이교적 식욕에 의해 움직이고 있다. 그는 이교 세계의 왕들처럼 주변 국가들을 침략하고 정복하는 일을 하고 있다.

오늘날 우리 삶에는 만족할 줄 모르고 탐욕스러운 이교 세계의 왕들이 많이 있다. 그들은 실제 역사에서 이교 세계의 왕들이 했던 행동을 한다. 하나님의 자녀들을 침략하고 정복하려고 한다. 암과 같은 질병, 음란물과 간음, 가난과 자연재해 등이 그것이다.

산혜립이 예루살렘을 공격하려고 한다는 사실을 알았을 때 히스기야는 군사작전을 개시했다. 대신들과 장군들과 의논한 뒤에 예루살렘 외곽의 모든 샘들을 막아버렸다. 산혜립의 군대가 송수로를 타고 침입하는 것을 막기 위해 예루살렘의 모든 수로들을 차단해버린 것이다. 그런 다음에는 성벽을 수리하여 보강했고, 무기와 방패들을 추가로 제작했으며, 전투사령관들을 임명하고 백성들을 소집하고서는 아래와 같이 연설했다.

> 너희는 마음을 강하게 하며 담대히 하고 앗수르 왕과 그를 따르는 온 무리로 말미암아 두려워하지 말며 놀라지 말라 우리와 함께하시는 이가 그와 함께하는 자보다 크니 그와 함께하는 자는 육신의 팔이요 우리와 함께하시는 이는 우리의 하나님 여호와시라 반드시 우리를 도우시고 우리를 대신하여 싸우시리라 하매 백성이 유다 왕 히스기야의 말로 말미암아 안심하니라 대하 32:7,8

히스기야 같은 선한 인물에게서 예상할 수 있는 당연한 반응이다. 그는 분명 지혜와 믿음과 확신의 사람이었다. 그러나 그가 이렇게 후방의 방어를 견고하게 하고 하나님에 대한 확신을 공언했음에도 상황은 한층 더 악화되었다. 산헤립이 라기스를 포위한 뒤에 부하들을 예루살렘으로 보내 히스기야와 유다 백성들에게 메시지를 전했기 때문이다. 산헤립은 하나님께서 유다 왕국을 구해주실 거라는 히스기야의 확신에 도전함으로써 예루살렘 시민들에게 도전했다. 그는 히스기야가 유다 백성들을 잘못된 방향으로 이끌고 있다고 선동했고, 자기가 이미 다른 땅의 국가들을 정복했는데 그들의 신은 그들을 구해주지 못했다고 위협했다.

> 그런즉 이와 같이 너희는 히스기야에게 속지 말라 꾀임을 받지 말라 그를 믿지도 말라 어떤 백성이나 어떤 나라의 신도 능히 자기의 백성을 나의 손과 나의 조상들의 손에서 건져내지 못하였나니 하물며 너희 하나님이 너희를 내 손에서 건져내겠느냐 대하 32:15

산헤립의 부하들은 갖은 악담으로 유다 백성들의 사기를 꺾어놓았고, 유다 백성들과 군인들이 알아듣도록 히브리말로 외치기도 했다. 심지어 산헤립은 하나님과 히스기야를 모욕하는 편지를 써서 유다 백성들에게 보내기도 했다(대하 32:9-19). 산헤립이 히스기야와 예루살렘 시민들을 조롱하고 야유한 것처럼 사탄은 당신의 순전한 신앙을 비웃는다. 나도 그런 사탄의 악담과 조롱을 수없이 받았다. 의사가 간을 절반 정도 잘라내고 종양 재발 가능성이 65퍼센트에 달한다고 말했을 때 사탄이 의사 옆에서 나를 향해 고함을 질러댔다.

'네 확신의 근거가 뭐야?'

나는 사탄에게 자신 없는 목소리로 대답했다.

'날 위해서 역사해주실 거라는 하나님의 약속.'

'네가 그 부질없는 믿음에 매달리는 이유가 뭐야? 그런 믿음 따위는 버리고 흘러가는 대로 맡겨. 다 포기하고 현실을 그대로 받아들이라고!'

또한 암에 대해 인터넷을 검색하면서 지난 5년 동안 암을 이긴 사람들의 통계를 읽을 때 사탄은 계속 고함을 질러댔다. 내 심장과 반쪽밖에 남지 않은 간에 암세포가 조금씩 침투하기 시작했을 때 나는 사탄에게 대답했다.

'난 믿음을 버릴 수는 없어. 내가 이 싸움을 잘 싸우게끔 나의 주 하나님께서 도와주실 거라고 믿고 싶어.'

하지만 사탄은 계속 나를 조롱했다.

'이런 무지몽매한 것, 너 같은 처지의 암 환자들이 내 손에 어떤 종말을 맞게 되는지 정말 모른다는 거야?'

'알아, 알고 있다고! 나 같은 처지에서 암을 이기고 살아난 사람들이 적다는 걸 잘 알고 있어. 그래서 뭐?'

나와 사탄의 최근의 조우는 이런 식으로 진행되었다. 이것은 당신의 위기상황에도 적용될 수 있다. 당신의 결혼생활에 균열이 발생했다면 사탄은 그 결혼생활에 화해의 이적은 매우 희박하다고 당신에게 말할 것이다. 또 몇 년 전에 내린 잘못된 결정으로 당신의 자녀가 평생 후회하며 살게 될 거라고 사탄이 말할 것이다. 당신의 교회에 문제가 발생했는가? 사탄이 하나님의 교회들을 자신의 손아귀에 쥐고 흔들기를 얼마나 좋아하는지 알게 될 것이다.

껍데기뿐인 위협

산헤립은 자기가 그 어떤 신보다 더 강하다는 것이 입증되었으니 유다 백성들의 하나님도 결국에는 다른 땅의 신들과 다르지 않을 거라고 협박했다. 사탄이 지금 당신에게도 이같이 말할 것이다. 하지만 삶의 위기상황들을 처리할 때 주변 환경을 보면서 임의로 결과를 예측하면 안 된다. 하나님께서 말씀하셨다.

> 너희는 이전 일을 기억하지 말며 옛날 일을 생각하지 말라 보라 내가
> 새 일을 행하리니 이제 나타낼 것이라 너희가 그것을 알지 못하겠느
> 냐 반드시 내가 광야에 길을 사막에 강을 내리니 사 43:18,19

하나님께서 당신의 위기 상황에서 새 일을 행하신다. 지금까지 일어났던 일들은 일어나지 않을 것이다. 하나님께서는 더 좋고, 더 큰일들을 행할 수 있으시다. 산헤립의 졸개가 당신의 마을 외곽에 캠프를 치고 조롱하기 시작할 때 "마음을 강하게 하며 담대히 하라… 우리와 함께하시는 이가 그와 함께하는 자보다 크기 때문이다"라는 말씀을 기억하라(대하 32:7).

그리고 나와 함께 큰 소리로 외치자.

"우리와 함께하시는 이가 그와 함께하는 자보다 크니!"

산헤립은 예루살렘 외곽에 군대들을 배치한 뒤, 최근에 증축한 성벽 위에 앉아 지독한 갈증에 허덕이는 예루살렘 시민들을 위협했다. 그의 부하들의 공통된 목표는 예루살렘 시민들의 간담을 서늘하게 하고

겁을 주어 그 성을 점령하는 것이다. 우리는 사탄이 그런 작전을 쓰는 것을 성경에서 여러 차례 목격한다. 골리앗이 하나님을 모독하면서 도전하자 이스라엘 군사들은 겁에 질려 도망쳤다(삼상 17장).

9·11 사태가 일어난 지 10주년이 되던 날, 테네시 주 스프링 힐의 경찰서장을 만났다. 그 주일 오후, 우리 교회와 몇몇 교회들이 시청에서 공동기도회를 개최했기 때문이다. 나는 우리나라가 테러와의 전쟁에서 승리한 것 같아 감사하다는 뜻을 비쳤으나 그는 심각한 표정으로 말했다.

"네, 지금까지는 그랬습니다."

그는 테러가 언제라도 다시 발생할 수 있다고 했다. 더불어 테러범들이 다음 테러를 작은 마을에서 일으켜 미국 전역의 어디에서나 일어날 수 있다는 인식을 심어주어 전국적으로 공포심을 조장할 것으로 예측했다. 나는 시민들을 보호하기 위해 애쓰는 그들에게 감사하지만, 믿는 사람들을 위협하는 것 말고는 아무것도 할 줄 모르는 사탄이 조장한 두려움에 짓눌려 살고 싶지는 않다.

사탄은 전이성 악성 암을 당신에게 줄 수 있다. 그러나 당신의 생명을 주관하시는 이는 바로 하나님이시다. 사탄이 당신의 결혼생활을 엉망진창으로 만들어놓을 수 있다. 그러나 사탄이 당신과 나를 해치려고 무엇을 의도했든지, 하나님께서는 그 모든 것들을 변화시킬 수 있는 분이시며, 하나님과 당신 사이에 더욱더 견고한 유대 관계를 위해 그것마저도 사용하시는 분이다.

사탄은 당신의 자녀들을 기만할 수도 있고 급습할 수도 있다. 그러나 하나님께서는 당신의 자녀들을 사랑하시는 분이시며, 사탄의 공격을 받지 않았을 때보다 훨씬 더 지혜롭고 강하게 그들을 성숙시키시는 분이시다. 사탄은 하나님께서 해도 좋다고 허락해주신 것들만 할 수 있는 능력을 갖고 있다. 자의적으로 사악한 능력을 행사할 수 있는 때는 당신이 껍데기뿐인 그의 악담과 위협에 겁을 먹고 위축됨으로써 그에게 능력을 줄 때뿐이다. 두려워지기 시작한다면 이 말씀을 크게 낭송하라. 아래 말씀을 당신의 삶에 끼워 넣어라.

너는 마음을 강하게 하며 담대히 하고 _____(빈칸에 당신의 문제를 기입하라)로 말미암아 두려워하지 말며 놀라지 말라 우리와 함께하시는 이가 그와 함께하는 자보다 크니 그와 함께하는 자는 육신의 팔이요 우리와 함께하시는 이는 우리의 하나님 여호와시라 반드시 우리를 도우시고 우리를 대신하여 싸우시리라 대하 32:7,8

대신 싸우시는 하나님

산헤립의 부하들이 조롱하는 소리를 들었을 때 히스기야는 이사야 선지자와 함께 하늘을 향해 부르짖으며 기도했다. 당신을 위한 좋은 소식이 여기에 있다. 사탄과 싸울 때 믿음이 강한 누군가와 연합하여 기도하라! 히스기야는 이사야 선지자와 연합하여 기도했다. 이사야서 37장에서 당시의 상황 전체를 들여다볼 수 있다.

히스기야 왕이 듣고 자기의 옷을 찢고 굵은 베 옷을 입고 여호와의 전으로 갔고 왕궁 맡은 자 엘리아김과 서기관 셉나와 제사장 중 어른들도 굵은 베 옷을 입으니라 왕이 그들을 아모스의 아들 선지자 이사야에게로 보내매 그들이 이사야에게 이르되 히스기야의 말씀에 오늘은 환난과 책벌과 능욕의 날이라 아이를 낳으려 하나 해산할 힘이 없음 같도다 당신의 하나님 여호와께서 랍사게의 말을 들으셨을 것이라 그가 그의 상전 앗수르 왕의 보냄을 받고 살아 계시는 하나님을 훼방하였은즉 당신의 하나님 여호와께서 혹시 그 말로 말미암아 견책하실까 하노라 그런즉 바라건대 당신은 이 남아 있는 자를 위하여 기도하라 하시더이다 하니라 사 37:1-4

이사야 선지자는 이런 보고를 받은 뒤에 말했다.

그리하여 히스기야 왕의 신하들이 이사야에게 나아가매 이사야가 그들에게 이르되 너희는 너희 주에게 이렇게 말하라 여호와께서 이같이 말씀하시되 너희가 들은 바 앗수르 왕의 종들이 나를 능욕한 말로 말미암아 두려워하지 말라 보라 내가 영을 그의 속에 두리니 그가 소문을 듣고 그의 고국으로 돌아갈 것이며 또 내가 그를 그의 고국에서 칼에 죽게 하리라 하셨느니라 하니라 사 37:5-7

그러나 무엇보다 주목해서 볼 것은 14-20절에 기록된 히스기야의 기도이다.

히스기야가 그 사자들의 손에서 글을 받아 보고 여호와의 전에 올라가서 그 글을 여호와 앞에 펴놓고 여호와께 기도하여 이르되 그룹 사이에 계신 이스라엘 하나님 만군의 여호와여 주는 천하만국에 유일하신 하나님이시라 주께서 천지를 만드셨나이다 여호와여 귀를 기울여 들으시옵소서 여호와여 눈을 뜨고 보시옵소서 산헤립이 사람을 보내어 살아 계시는 하나님을 훼방한 모든 말을 들으시옵소서 여호와여 앗수르 왕들이 과연 열국과 그들의 땅을 황폐하게 하였고 그들의 신들을 불에 던졌사오나 그들은 신이 아니라 사람의 손으로 만든 것일 뿐이요 나무와 돌이라 그러므로 멸망을 당하였나이다 우리 하나님 여호와여 이제 우리를 그의 손에서 구원하사 천하만국이 주만이 여호와이신 줄을 알게 하옵소서 하니라 사 37:14-20

히스기야가 이렇게 기도한 뒤, 이사야 선지자가 하나님의 응답을 전했다. 이사야서 37장 21-35절을 직접 읽어보라. 이사야 선지자의 말을 요약하면 "당신이 기도했기 때문에 하나님께서 역사하실 것입니다"라는 것이다. 하나님께서는 매우 구체적으로 응답하셨고, 말씀하신 그대로 행하실 거라고 다짐하셨다. 여기서 내가 가장 좋아하는 구절은 "만군의 여호와의 열심이 이를 이루시리이다"(사 37:32) 이다.

PUSH!

하나님께 구조받기를 원한다면 기도하라. 아직 구해주지 않으셨더라도 계속 기도하라. 사탄이 지금 하나님을 대적하여 교만한 목소리를 높이고 있다. 산헤립이 예루살렘 백성들과 하나님을 조롱했다. 그리하여 하나님께서는 산헤립에게 굴복한 다른 모든 신들의 능력보다 그분의 능력이 훨씬 더 강하다는 것을 입증하기 위해 그를 부수셨다. 하나님은 산헤립의 모든 승리를 그분이 정하셨다고 히스기야에게 말씀하셨다(사 37:26,27).

때로 우리는 하나님이 사탄에게 우리 삶의 구석구석을 제멋대로 활개 치면서 사정없이 파괴할 수 있는 자유를 주셨을 거라고 생각한다. 그러나 당신을 해하려는 사탄의 횡포가 최고 수위에 도달하여 당신에게 무슨 짓을 하든지 하나님께서는 그것을 당신을 위한 하나님의 계획의 한 요소로 사용하신다. 그리고 당신의 기도와 믿음을 통해 당신에게 임하는 합당한 때가 이르면 하나님께서 사탄을 진압하실 것이며, 그가 온 길로 되돌아가게끔 역사하실 것이다. 당신은 승리할 수 있다. 만군의 여호와의 열심이 당신을 승자로 만들 것이다. 하나님께서는 자신을 위해서 그리고 위대한 왕이자 하나님의 신실한 종인 다윗을 위해서 예루살렘을 보호하고 구원하리라고 단언하셨다(사 37:35).

만일 당신이 어둠의 영들 곧 하나님의 원수들의 공격을 받고 있다면 당신의 승리는 보장되어 있다. 왜냐하면 하나님께서 유구한 세월을 통해 믿는 이들에게 주신 모든 약속들과 하나님의 이름이 그 싸움에 관련되어 있기 때문이다. 하나님께서는 천사 단 하나를 들어 야영지에 잠들어 있는 앗수르 병사 18만 5천 명을 치셨다. 그분은 당신을 압도하는 능력을 갖고 있는 모든 것들을 압도하는 능력을 갖고 계신다.

앗수르로 돌아간 산헤립은 자신의 신을 예배하러 신전에 들어갔다가 그의 아들들에 의해 살해되었다.

히스기야는 우리와 많이 달랐다. 그는 국가적인 위기상황을 자기 힘으로 처리하려고 하지 않았다. 그는 부왕과 달리 하나님이 보시기에 옳은 것들을 행했다. 그러나 그렇게 했음에도 산헤립은 그를 치러 왔다. 그때 히스기야가 옳은 일을 행하고, 하나님을 믿는 믿음을 고백했음에도 하나님은 침묵하셨고, 산헤립은 계속 그를 조롱했다. 혼란스럽고 괴로우며 때로는 너무나 아픈 환경을 헤치고 나아가고 있는 지금의 내게 일어나는 일이 그렇다. 나는 하나님을 신뢰했고, 그분을 얼마나 굳게 믿고 있는지를 고백했다. 그럼에도 사탄은 여전히 날 조롱한다.

이해할 수 없는 불행한 일들이 자꾸 우리를 향해 달려든다. 사탄이 하나님을 믿는 당신의 믿음을 계속 조롱하고 야유한다면 히스기야가 했던 대로 하라. 기도의 짝을 찾아 'PUSH'(Pray Until Something Happens) 하라! 무엇인가(Something) 일어날(Happens) 때까지(Until) 기도하라(Pray)! 밀어제치고 나아가라!

의심 대신
믿음을 선택하라

심각한 오해

몇 해 전, 나는 큰딸 미켈과 딸의 친구들과 함께 바하마로 모험을 떠난 적이 있다. 당시 고등학교를 막 졸업했기에 일종의 졸업여행을 간 것이었다. 아침 여섯 시, 우리를 포함해 관광객들을 가득 태운 배가 부두를 출발하면서 모험이 시작되었다. 우리는 바하마의 친구들이 '열쇠'라고 부르는 것을 잡으러 가는 중이었다. 두 시간 뒤, 우리는 깊고 푸른 바다에 이르러 돌고래를 낚기 시작했다.

그런데 낚시를 끝마치기도 전에 갑자기 열대성 돌풍이 불기 시작했다. 우리는 사납게 돌진하는 파도와 갑판에 구멍을 낼 듯 무섭게 쏟아지는 빗발을 헤치고 귀환할 수밖에 없었다. 뱃머리를 향해 일직선으로 다가와 얼굴을 때리고, 방수조끼가 무색할 정도로 온몸이 흥건히

젖는 파도였다. 미켈과 친구들은 뱃머리에 있는 자신들의 좌석에 앉았다. 바하마 현지의 친구들은 갑판 바닥에 앉는 게 더 편할 거라고 제안했지만 그들은 거기서 뱃머리를 향해 돌진하는 파도를 구경하겠다고 고집했다.

그들은 사나운 파도 쪽으로 몸을 향한 채 환성을 지르며 거칠게 퍼붓는 빗줄기 속에서 잠수용 마스크까지 쓰고는 주일학교 시절에 배운 노래를 율동까지 곁들여서 부르기 시작했다(그런 우스꽝스러운 장면을 나 혼자 보기 아까워 비디오에 담고 싶었지만 카메라가 젖을까봐 그만두었다).

그들의 용기는 무지의 산물이었을 것이다. 그러나 나는 천진난만한 그들이 부러웠다. 나는 소중한 목숨을 움켜잡고는 '혹시 이 상황이 내가 두려워하는 것보다 훨씬 더 두려워해야 하는 상황인가?'를 우려하며 현지 친구들의 표정만 연신 살폈다. 그러나 그들은 그 상황을 신경은 썼지만 불안해하지는 않았다. 그들에게 그것은 전에도 몇 번씩 이겨냈던 일상이었기 때문이다. 우리는 아무 탈 없이 안전하게, 그러나 물에 빠진 생쥐 꼴로 부두로 돌아왔다.

우리는 종종 사탄의 속임에 넘어가 잘못된 생각을 키운다. 과거에 내가 품었던 가장 심각하게 잘못된 생각 가운데 하나는 '나는 인생의 폭풍을 피할 수 있어. 예수님이 내 배에 함께 계시잖아!'라는 것이었다. 그러나 마가복음 4장 35-41절을 읽으면 그 문제와 관련된 일체의 혼동이 명료하게 해소될 것이다.

인생을 살다보면 뜻밖의 돌풍을 만난다. 인생의 풍랑은 누구도 피할 수 없다. 파도와 폭우와 천둥과 번개와 심지어 태풍도 일어날 수 있다. 때로는 우리가 배에 타고 있을 때 풍랑이 일 수도 있고 예수님의 초대를 받아 배에 올라탈 수도 있다.

"제자들이 풍랑 가운데에 있을 때 하나님은 어디에 계셨을까? 내가 풍랑에 시달릴 때 하나님은 어디에 계실까?"

제자들도 그들이 처했던 상황에서 이런 생각을 한 적이 있다.

큰 광풍과 예수님의 비밀

갈릴리 해변에 꾸역꾸역 모여든 군중들을 가르치면서 기나긴 하루를 보내신 후 석양이 기울 무렵에 예수님이 제자들에게 말씀하셨다. "우리가 저편으로 건너가자"(막 4:35). 제자들은 늘 하던 대로 예수님을 따라갔다. 마가복음 4장 1절과 2절을 보면 예수께서 꽤나 오랜 시간 군중들을 가르치셨고, 매우 피곤하셨다는 걸 알 수 있다. 그분은 군중들에게서 물러나 제자들과 함께 있고 싶어 하셨다. 여기서 귀한 보석 하나를 놓치지 말라. 예수님은 교회를 사랑하신다. 우리는 예수님의 신부(新婦)이다. 그리고 예수님은 우리가 그분을 예배하기 위해 함께 모일 때 우리를 만나신다. 우리가 함께 모여 있는 곳에서 우리를 만나시는 순간이 얼마나 달콤할까! 제자들은 예수님과 단둘이 있을 때 얼마나 진한 친밀감과 우애를 느끼며 다정하게 대화를 나누었을까!

오늘날 우리는 예수님과의 친밀한 교제를 어떻게 체험할 수 있을까? 개인 경건시간을 통해 체험할 수 있다. 또한 하나님께서 우리에게 가르치시는 것들을 가정에서 가족들과 함께 나누면서 체험할 수 있다. 또 우리 삶에서 보여주고 계신 것들을 친구들과 나눌 때 체험할 수 있다. 일상의 번잡함에서 한걸음 물러나 예수님과 단둘이 있을 때 주님은 우리가 알아야 할 것들을 설명해주신다. 당신의 배를 타고 예수님과 함께 조용한 장소로 물러나 있으면 그분이 모든 것들을 '해석'해주실 것이다.

> 예수께서 이러한 많은 비유로 그들이 알아들을 수 있는 대로 말씀을 가르치시되 비유가 아니면 말씀하지 아니하시고 다만 혼자 계실 때에 그 제자들에게 모든 것을 해석하시더라 막 4:33,34

예수님과 함께 배에 올라도 풍랑을 만나게 될 수 있다. 그러나 그런 이유로 배에 오르라는 예수님의 초대를 거절하지 않도록 유의하라. 나는 해변에 혼자 남아 있느니 풍랑을 만나게 되더라도 예수님과 함께 배를 타는 쪽을 택할 것이다.

제자들은 낚싯배를 타고 예수님과 함께 갈릴리 바다 저편으로 출발했다. 나는 그 배의 모양이 어땠을지 무척 궁금했다. 그래서 인터넷에서 '고대의 낚싯배'를 검색해본 뒤, 세 개의 노(櫓)를 장착하고 위로 솟아오른 테두리와 곡선 모양의 선미(船尾)를 가진 고대 낚싯배의 크기를 대략 알게 되었다. 동력으로 추진되는 배를 타고 돌풍이 몰아치는 바다를 항해해본 사람으로서 단언하건대, 당시 제자들이 타고 있던 배는 풍랑을 대비한 배는 아니었다.

성경 말씀을 사랑할 수밖에 없는 여러 가지 이유 중 하나는 성경이 언제나 진실을 말한다는 점이다. 제자들이 부딪쳤던 폭우는 살랑살랑한 봄날의 가랑비가 아니었다. 마가는 그것을 '큰 광풍'(furious squall)이라고 묘사했다. 사전적 의미로 '격노한, 화난'이란 뜻의 'furious'는 수역(水域)의 정서적 상태를 설명하는 단어이다.

몇 년 전에 강력한 태풍이 바닷물을 다 걷어낼 것 같은 기세로 몰아쳤을 때 해변에 나가본 적이 있다. 해변은 밧줄로 차단되어 있었고, 곳곳에 배치된 안전요원들이 출입을 통제하고 있었으며, 높은 파도가 보행로 가장자리까지 밀어닥쳐 바로 전날 우리가 산책했던 몇 킬로미터에 달하는 모래 해변을 통째로 집어삼키고 있었다. 유쾌하고 떠들썩한 휴양지의 해변이 태풍으로 인해 위험한 장소가 되어 있었다. 성난 바다는 넘어서는 안 될 선을 기필코 넘겠다고 으르렁거리고 있었다.

바하마에서 경험한 광풍처럼 폭풍이 무서운 이유는 장대처럼 퍼붓는 비 때문이 아니라 배를 향해 맹렬하게 돌진하는 파도와 갑판에 들이치는 바닷물 때문이다. 그런 광풍을 경험한 사람이라면 생각만으로도 두려움에 몸서리가 쳐질 것이다. 장차 우리가 천국에서 예수님의 제자들과 마주 앉아 이 땅에서 예수님과 동행하면서 겪었던 일들에 대해 환담을 나눈다면 그들 역시 잔뜩 격앙된 목소리로 그때의 일들을 전해줄 것이다.

큰 광풍이 일어나며 물결이 배에 부딪쳐 들어와 배에 가득하게 되었더라 막 4:37

제자들은 예수님의 제안에 따라 배에 올라 갈릴리 바다 저편으로 출발했고, 광풍의 한가운데에 놓인 자신들을 발견했다. 그때 그들이 예수님의 제안을 따르지 않았다면 그런 상황에 처하지 않았을 것이다. 그러나 그들은 예수님을 따라가다가 풍랑을 만나게 되었다. 그렇다면 풍랑이 이는 동안에 예수님은 어디에 계셨을까?

예수께서는 고물에서 베개를 베고 주무시더니 막 4:38

예수님은 작은 배 뒤편에서 몸을 웅크리고 깊은 잠에 빠져 계셨다. 내가 검색했을 때 보았던 그런 배에 계셨다면 예수님은 분명히 물에 젖으셨을 것이고, 심하게 요동하는 배로 인해 뒤척이셨을 것이다. 예수님도 갈릴리 바다의 폭우와 괴물 같은 파도를 피할 길은 없으셨을 것이다. 그런 풍랑에도 아랑곳하지 않고 깊은 잠을 주무실 수 있었다면 무척이나 피곤하셨던 게 분명하다. 그러나 그뿐만이 아니다. 분명히 하나님을 신뢰하셨으며 갈릴리 바다에 무슨 일이 일어나든지 저쪽 건너편으로 갈 수 있다는 것을 잘 알고 계셨기 때문이다.

의심과 염려의 상관관계

작은 낚싯배에 타고 있던 제자들은 광풍에 이리저리 뒹굴었고, 그들 가운데 몇몇은 배에 고인 물을 연신 퍼냈고, 선미 근처에 있던 이들은 예수님을 흔들어 깨우며 소리쳤다.

"선생님이여, 우리가 죽게 된 것을 돌보지 아니하시나이까?"(막 4:38).

이는 삶에 광풍이 몰아칠 때 우리가 보이는 반응이다. 우리는 예수님을 따르며 그분의 명령과 가르침에 순종하기 위해 힘쓴다. 그러던 어느 날 갑자기 맹렬한 광풍이 우리 인생의 배를 위협한다. 무서운 바람과 파도가 배를 들까부르기 시작하자마자 우리는 다급하게 부르짖는다.

"주님, 제가 익사해도 상관없다는 것입니까?"

"제가 지금 주님과 함께 배를 타고 있는데 어찌 이런 일이 일어날 수 있습니까?"

"제게 이런 일이 일어나게 하시는 까닭이 무엇입니까?"

지금 어떤 풍랑이 당신 인생의 배를 뒤흔들고 있는지 나는 잘 모른다. 어떤 태풍이 당신 인생의 배에 바닷물을 퍼붓고 있는지도 모른다. 다만 그것이 당신만을 겨냥한 게 아니라는 사실이다. 그것은 단지 그냥 일어나고 있을 뿐이다.

남편은 마가복음을 본문으로 설교했을 때, 우리가 놓치고 있는 점을 명확히 짚어주었다. 그날 밤에 오직 예수님의 배만 갈릴리 바다에 떠 있던 것은 아니었다. 다른 배들도 광풍에 시달리고 있었다(막 4:36). 인생의 일들은 그냥 일어난다. 감당키 어려운 파도와 성난 바다, 때로는 큰 광풍이 일어날 수도 있다. 그러나 혼돈 속에서도 혼란스러워하지 말라.

인생에 돌풍이 몰아칠 때 하나님께서 당신을 겨냥하기로 결심하신 게 아니다. 당신을 향한 진노를 폭발시키고 당신의 세상을 완전히 재

편성하기 위해 당신을 심해에 내던지기로 작정하신 것도 아니다(하나님께서 자연현상을 주관하신다는 것을 부정하려는 것은 아니다). 당신과 아무 상관없이 바다는 성이 날 수도 있고, 돌풍이 불 수도 있다.

감사하게도 나는 어린 시절부터 교회생활을 했고, 옛 찬송들을 부르면서 성장했다. 이 이야기와 잘 맞물리는 찬송이 있다.

주님 약속하신 말씀 위에서 세상 염려 내게 엄습할 때에
용감하게 힘써 싸워 이기며 약속 믿고 굳게 서리라
굳게 서리 영원하신 말씀 위에 굳게 서리
굳게 서리 그 말씀 위에 굳게 서리라

나는 이 노랫말 가운데 "세상 염려 내게 엄습할 때에" 부분을 참 좋아한다. 어느 날 의심과 염려에 대해 생각하다가 의심이 염려에 연료를 공급하고, 염려는 의심에 먹이를 공급한다는 것을 깨달았다. 그 둘은 서로 긴밀하게 밀착되어 있고 서로 바꾸어 쓸 수 있다. 그렇다면 의심을 제거하면 염려도 극복할 수 있다. 당신은 어떤 것을 처리하기가 더 쉽다고 생각하는가?

의심은 우리의 마음에서 태어난다. 내가 기대하는 일이 일어나지 않거나 환경이 내 믿음에 도전할 때 의심하기 시작한다. 제자들에게 일어났던 게 바로 그것이었다. 그들은 갈릴리 바다의 거센 파도가 뱃전을 강타하기 전, 단지 예수님을 따라 배에 올랐을 뿐 아니라 무엇인가를 확실히 기대했다. 즉 편하고 쉽게 건너편에 당도할 수 있을 거라

고 예상했다. 그런데 갑자기 바다가 그들에게 성을 내기 시작했다.

이 대목에서 질문해보자. 예수님이 다른 분으로 바뀌셨는가? 아니다. 예수님은 풍랑을 만났을 때나 그전이나 동일하셨다. 변한 것은 바다였다. 제자들의 환경이 바뀌었을 뿐이었고, 온몸을 적시는 성난 바다의 파도가 제자들로 하여금 하나님을 의심하게 만든 것이었다. 나도 그런 적이 있다. 몇 해 전에 우리 가족을 강타했던 성난 파도에 대해 앞에서 말한 바 있다.

2010년 그해, 일 년이라는 시간에 정말 많은 일들이 일어났다. 나는 대장암 진단을 받았고, 열여덟 살이었던 큰딸은 가출하여 남자친구와 동거하다가 임신까지 하여 아기를 낳았고, 우리 교회는 홍수에 침수되었고, 남편은 눈꺼풀에 피부암이 발견되어 종양제거 수술을 받았고, 아들은 전염성 단핵증을 앓았고, 작은딸은 내 불임의 원인이었던 다낭성 난소증후군을 진단받았다.

당시 나는 영적인 귀로 똑똑히 들은 대로 하나님의 음성을 따라 여성들을 위한 영적전쟁에 관한 책을 쓰고 있었다. 그래서 나는 울부짖지 않을 수 없었고, 하나님을 거세게 흔들어 깨우면서 소리치지 않을 수 없었다.

"주여! 우리가 물에 빠져 죽게 되었는데 왜 돌보지 않으십니까?"

그때 나는 내 인생의 배에 바닷물을 퍼붓는 환경에 압도되어 의심을 키웠다. 우리는 인생의 시련을 당할 때 하나님을 의심할 수 있다.

말씀하신 이상 그리 될 것이다

갈릴리 바다의 큰 광풍이 제자들을 위협했을 때 제자들의 의심은 그들의 염려에 연료를 공급했고, 염려는 의심에 먹이를 공급했다. 마가복음 4장 39절은 내가 가장 좋아하는 성경 구절이다. 그 이유는 예수님이 잠에서 깨자마자 바로 바다를 향해 말씀하셨기 때문이다.

잠잠하라 고요하라

바다를 만드신 창조주께서 파도에게 명하여 잔잔하게 하셨다. 하나님께서는 당신의 환경도 압도하는 능력을 갖고 계신다. 절대 잔잔해지지 않을 것 같은 파도를 헤치고 나아가기 위해 안간힘을 쓰고 있을 때 예수님은 여러 번 일어나 바람을 꾸짖으시며 "잠잠하라! 고요하라!"라고 파도에게 명하셨다. 나는 예수님이 그렇게 해주셨던 때를 달력에 꼬박꼬박 기록했다. 내 달력에는 예수님이 폭풍을 막아주셨던 때에 대한 증거들로 가득하다.

갈릴리 바다에서의 예수님은 바람과 파도를 꾸짖으신 뒤에 제자들에게 두 가지를 물으셨다.

"왜 그렇게 무서워하느냐?"

"어찌 믿음이 없느냐?"

만일 내가 예수님의 제자였고, 어지간히 버릇없는 사람이었다면 예수님의 첫 번째 질문에 고개를 빳빳이 들고 대답했을 것이다.

"지금 농담하세요? 왜 그렇게 무서워하느냐고요? 파도가 저를 집어삼키려고 하잖아요!"

그리고 예수님의 두 번째 질문에 대해서는 내 믿음 없음을 책망하심에 분개하고 좌절하면서 대꾸했을 것이다.

"예수님은 주무시고 계셨고, 저는 이 작은 배에 꼼짝없이 갇혀서 제 능력으로 제어할 수 없는 성난 바다와 싸우고 있었어요. 그런 제가 믿음을 갖기를 원하시다니 너무하신 거 아니에요?"

이 순간에 정직해지자. 당신 역시도 그렇게 대답하지 않았겠는가. 큰 광풍을 만났을 때 무서워하는 것은 당연하다. 광풍은 사람의 마음에 두려움을 주기 마련이고, 두려움은 하늘에 계신 아버지를 가장 신뢰하는 자녀들의 마음조차도 그 사랑을 의심하게 만든다. 그러나 예수님은 그날 저녁 해가 뉘엿뉘엿 넘어갈 적에 제자들이 갈릴리 바다 건너편으로 가게 될 거라고 말씀하셨다(막 4:35). 예수님이 당신에게 바다 저쪽으로 가자고 말씀하시는 경우, 예수님과 당신의 길을 막을 만큼 험악한 파도는 존재할 수 없다. 예수님이 그리 말씀하신 이상 당신은 반드시 건너편으로 가게 될 것이며, 맹렬한 파도가 당신의 배를 흔들지는 몰라도 당신을 해치지는 못할 것이다. 예수님이 도와주실 것이기 때문이다.

마가복음 4장 41절은 예수님이 바다를 잔잔하게 하신 뒤에 제자들이 심히 두려워하여 서로에게 "그가 누구이기에?"라고 물었다고 말한다. 당신도 인생의 모진 시련의 한가운데서 그런 질문을 해본 적이 있는가? 인생의 모든 광풍에는 하나님의 놀라운 성품에 대해 무엇인가를 더 배울 수 있는 기회가 있다. 나는 하나님께서 내게 바라시는 모든 것들을 다 배웠다고는 말하지 못하겠지만 열심히 배워나가고 있다고 말할 수 있다.

하나님께서 우리 가족에게 사랑하고 용서하는 능력을 주시되, 하나님께서 요구하시는 만큼 자주 그렇게 할 수 있는 능력을 주셨다는 걸 잘 알고 있다. 남편과 나와 큰딸과 사위는 사랑하는 능력을 배웠다. 우리는 한 가족으로서 하나님의 무조건적인 사랑을 나타내는 방식으로 서로 사랑하는 법을 배워가고 있다. 또한 하나님께서 각자에게 주신 자유의지를 존중하는 법을 배우고 있다.

당신이 갈릴리 바다 저쪽으로 가게 될 거라고 하나님께서 말씀해주셨는가? 그렇다면 반드시 그쪽으로 가게 될 것이다! 당신이 그곳에 어떻게 도달하게 될지는 오직 그분만이 알고 계신다. 그리고 당신이 그곳에 이르도록 반드시 돌봐주실 것이다.

제자들이 배에 있을 때 하나님께서는 어디에 계셨을까? 바로 거기에 그들과 함께 계셨다! 그들을 보살펴주리라 다짐하시며 그들과 함께 계셨다. 당신 인생의 배가 큰 광풍을 만나 요동할 때도 마찬가지다. 당신을 얼마나 사랑하는지 보여주기를 갈망하시면서 당신과 함께 계신다. 당신의 믿음에 도전하고 용기를 주시면서. 그때 갈릴리 바다에 풍랑이 일지 않았다면 제자들은 예수님에 관한 깨달음의 순간을 체험하지 못했을 것이다. 때로 하나님께서는 자신이 우주만물을 주관하시는 주님이심을 우리에게 상기시키기 위해 우리의 인생에 풍랑을 일으키신다.

A Woman's Guide to Hearing God's Voice

최고를 약속하시는
하나님 음성

PART

3

바라는 믿음에서
아는 믿음으로

제자들이 실패한 날

'바라는' 믿음과 '아는' 믿음의 차이는 엄청나다. 바라는 믿음은 우리가 부르짖을 때 하나님께서 들으신다는 것과 하나님께서 우리의 기도에 응답할 능력을 갖고 계시다는 것을 믿는다. 반면에 아는 믿음은 하나님께서 반드시 그렇게 하실 거라고 신뢰하는 것이다.

예수님께서 베드로와 야고보와 요한을 데리고 산에 올라가 그들 앞에서 변화되셨던 바로 그날 제자들은 실패했다. 모든 영광 가운데 계신 예수님을 보는 것은 그야말로 경이로운 체험이었을 것이다. 우리가 장차 천국에 이르러 예수님을 뵐 때 바로 그런 모습을 목격할 것이다.

예수님께서 야고보와 요한과 베드로를 데리고 산에서 내려왔을 때

산 아래에 남아 있던 다른 제자들이 군중들에게 둘러싸인 채로 유대 종교지도자들과 열띤 논쟁을 벌이는 장면을 목격하셨다(막 9:14-19). 찬란한 영광 가운데에 계신 예수님의 모습을 목격하고 돌아온 베드로와 야고보와 요한은 우리가 이 땅 위의 삶이라고 칭하는 혼돈의 현실에 아마도 질겁했을 것이다.

몇 해 전, 우리 교회에서 여성들을 위한 주말 수련회를 주관한 적이 있었다. 금요일 밤에 시작된 집회는 토요일 점심 식사 후에 끝났다. 그런데 일정이 다 끝났음에도 참석했던 대부분의 여성들이 자리를 뜨려고 하질 않았다. 수련회의 은혜롭고 감격스러운 분위기에 젖은 나머지 일상으로 돌아가기를 주저했다.

아마 베드로와 야고보와 요한의 심정이 그랬을 것이다. 방금 전에 산 위에서 신비롭고 엄청난 체험을 한 뒤에 하나님의 능력에 도전을 받았는데, 하나님의 존재 자체를 의심받는 현실로 돌아왔으니 말이다.

산에서 내려온 그들은 다른 제자들이 군중들에게 둘러싸인 채 유대 종교지도자들과 논쟁하고 있는 것을 목격했다. 그것은 귀신 들린 아들을 제자들에게 데리고 온 한 아버지에 의해 시작되었다. 마가복음 9장 15절은 "온 무리가 곧 예수를 보고 매우 놀라며 달려와 문안하거늘"이라고 말한다. 현장에 있던 무리들은 예수님을 보고 흥분했다. 무슨 일이 일어날 거라는 것을 알고 있었기 때문이다.

아마 그들은 예수님께 달려가서 인사했을 것이고, 마치 말다툼을 하던 초등학생들이 담임선생님을 보고 제각기 상황을 설명하듯, 그런 논란이 벌어진 연유에 대해 저마다 바쁘게 설명했을 것이다. 예수님은 무슨 이유로 그런 논쟁이 벌어졌는지 알기 위해서 제자들에게 질문하셨다.

"너희가 무엇을 그들과 변론하느냐?"

하지만 산 아래에 있던 제자들은 말이 없었고, 대신 무리 중 한 명이 대답했다.

> 무리 중의 하나가 대답하되 선생님 말 못하게 귀신 들린 내 아들을 선
> 생님께 데려왔나이다 귀신이 어디서든지 그를 잡으면 거꾸러져 거품
> 을 흘리며 이를 갈며 그리고 파리해지는지라 내가 선생님의 제자들에
> 게 내쫓아 달라 하였으나 그들이 능히 하지 못하더이다 막 9:17,18

절실한 필요가 언제나 신학적 논쟁을 압도한다. 산 아래에 있던 제자들은 이적을 행하지 못해 좌절했을 것이다. 유대 종교지도자들은 자신들의 입장을 주장할 기회를 얻어 만족했을 것이다. 그러나 귀신 들린 아이의 아버지는 비탄에 빠져 있었다. 그는 그날 하나님께서 자기 기도에 응답하지 않으시려는 이유가 무엇인지 논쟁을 하기 위해 '교회'에 간 게 아니었다. 그는 단지 자기 아들로 인한 도움이 필요했기 때문에 예수님을 만나러 갔을 뿐이었다. 따라서 예수님의 제자들과 유대 종교지도자들이 논쟁을 하는 동안 아이의 아버지는 더 큰 슬픔에 젖어들었다. 논쟁이 자기 아들을 고칠 수 있는 게 아니었기 때문이다.

그가 예수님 제자들의 실패보다 자기 아들의 절박한 필요에 더 신경

을 쓰고 있었다는 사실을 주목할 필요가 있다. 마가복음 9장 17절을 다시 읽어보라. 그는 자기가 온 목적이 무엇인지 예수님께 말했다.

"여기 제 아들을 선생님께 데려왔습니다. 이 아이는 귀신이 들려서 말을 못합니다."

이어서 그는 아이가 어떤 고통을 당했는지 설명했다.

"귀신은 이 아이를 잡을 때마다 땅바닥에 내동댕이칩니다. 그러면 아이가 거품을 물고, 이를 갈면서 몸이 뻣뻣해집니다."

그런 뒤에 문제의 요점을 진술했다.

"선생님의 제자들에게 귀신을 몰아내달라고 청했지만 그들은 하지 못했습니다."

그는 제자들이 왜 자기 아들을 고치지 못했는지 궁금해하지 않았다. 단지 도움을 청하는 자신의 간절한 외침에 예수님께서 대답해주시기를 바랐다.

오늘날에도 대부분의 사람들은 동일한 이유로 교회를 찾는다. 그들은 예수님을 만나기를 원한다. 꼭 만나고자 한다. 마음의 격통은 어떤 논쟁이나 설득력 있는 연설이나 아름다운 음악보다 훨씬 더 거센 기세로 우리를 예수님께로 몰아간다. 제자들이 그 아이에게서 귀신을 내몰지 못했을 때 아이의 아버지가 어떻게 느꼈을지 상상이 가는가? 제자들의 실패로 종교적인 논쟁이 벌어졌을 때 그의 마음이 얼마나 아팠을지, 가뜩이나 상처로 인해 아픈데 얼마나 더 쓰라렸을지 말이다.

우리 믿는 사람들이 때로 본선(本線)에서 탈선하여 부상당한 대중들에게 아무 영향도 끼치지 못하는 헛된 논쟁에 휘말리는 것은 매우 비극적인 일이다. 그런 무익한 논쟁에 지나치게 열중한 나머지 살아 계신 주님과의 만남을 갈망하면서 우리를 찾아오는 상처받은 사람들을 놓치고 있다.

마이클 캣(Michael Catt)은 그의 책 《Essential Messages from God's Servants》(하나님의 종의 핵심 메시지)에서 다음과 같이 말했다.

"어쩌면 당신의 상황은 그 아버지의 상황과 많이 다를지 모른다. 하지만 그래도 당신은 쓴맛을 본다. 사탄은 당신을 권투 연습장의 샌드백처럼 취급한다. 마음을 다잡았다고 생각하는 순간에 당신을 난도질하여 땅바닥에 팽개친다. 갑자기 공격당했고, 흠씬 두들겨 맞아 시퍼렇게 멍든다. 정서적으로 그런 상황을 더 이상 견딜 수 있을지 자신하지 못한다. 정신적으로 생명의 기운이 점차 고갈되고, 영적으로 하나님이 당신을 돌보시는지 의아해하기 시작한다.

어쩌면 당신은 하나님의 백성들이나 교회나 목회자들에게 실망했을지도 모른다. 산 아래에 있던 아홉 명의 제자들은 아이의 아버지에게 도움을 주지 못했다. 그렇게 된 것은 제자들의 의욕 부족이 아니라 믿음 부족이었다. 하나님의 백성들은 당신을 실망시킬 것이다. 그들 또한 당신과 같은 연약한 사람이기 때문이다. 하나님의 종들도 완벽하지 않다. 절박한 심정으로 교회나 하나님의 종들을 찾아갔다가 오히려 욕을 하면서 돌아온 적이 있는가? 그렇다면 그것은 당신이 하늘에 계신 주 하나님보다 인간들과 제도에 믿음과 소망을 두었기 때문이다."

제자들도 때로는 실패할 수 있다는 것을 이해하는 게 중요하다. 그러나 예수님은 절대 실패하지 않으신다는 것을 이해하는 건 훨씬 더 중요하다.

믿음의 교훈

예수님은 아이 아버지의 하소연을 듣자마자 제자들을 엄히 꾸짖으셨다. 사실 예수님은 당시의 세대를 '믿음이 없는 세대'라고 칭하셨다. "믿음이 없는 세대여 내가 얼마나 너희와 함께 있으며 얼마나 너희에게 참으리요"(막 9:19).

당신은 자녀들을 키우는 부모로서 이와 비슷한 말을 해본 적이 있는가? 나는 있다. "대체 무슨 생각을 하면서 사는 거니?", "네 인생을 계속 그렇게 엉망진창으로 만들 거야?", "대체 언제까지 그런 식으로 행동할 거야?" 등등.

여기서 예수님이 제자들의 책임과 의무를 면제해주지 않으셨다는 점이 흥미롭다. 예수님은 "너희들을 축복하노라. 내가 없어서 많이 힘들었지? 괜찮아, 이제 내가 왔으니 모든 것들이 좋아질 것이다!"라고 말씀하실 수도 있었다. 하지만 예수님은 군중들과 유대 종교지도자들이 지켜보는 현장에서 그들을 호되게 나무라셨다. 이 대목은 그들이 귀신을 몰아내지 못했다는 사실을 예수님이 진정으로 염려하셨다는 느낌을 준다.

예수님께서는 우리가 성장하여 압도하는 권세로 사탄을 물리치기를 바라신다. 우리는 우리의 믿음에 왜 능력이 나타나지 않는지 논쟁하면서 살라는 부르심을 받지 않았다. 예수님은 우리가 예수님과 같은 능력을 갖고 사역하기를 기대하신다. 예수님이 하셨던 일들을 할 뿐만 아니라 더 큰일들도 하기를 바라신다. 이러한 우리를 향한 주님의 기대를 요한복음 14장에서 분명히 말씀하셨다.

> 내가 진실로 진실로 너희에게 이르노니 나를 믿는 자는 내가 하는 일을 그도 할 것이요 또한 그보다 큰일도 하리니 이는 내가 아버지께로 감이라 요 14:12

예수님을 따르는 길에는 엄살이나 푸념이 용인되지 않는다. 우리는 살아 계신 구원자를 섬기고 있고, 그분께서 세상에 전하신 치유와 소망을 전하라는 부르심을 받았다. 그런데 그렇게 하지 못하는 이유가 무엇일까?

엘리자베스 엘리엇(Elisabeth Elliot, 1956년 에콰도르에서 선교사역을 하다가 순교한 짐 엘리엇의 아내)은 이에 대해 다음과 같이 말했다.

"오늘날 많은 그리스도인들의 믿음이 의심에 의해 부분적으로 침식을 당하는 까닭은 좋은 것과 좋지 않은 것이 무엇인지 임의로 규정하기 때문이다. 우리는 우리 자신의 삶과 주변의 사랑하는 사람들의 삶에서 좋은 것들을 계획하는 경향이 있다. 그러다가 좋지 않은 일이 발생하면, 이를테면 고등학교를 졸업한 자녀가 대학에 진학하는 대신 직업군인이 되거나, 우리가 암 진단을 받게 되거나, 배우자가 불륜을 저지르거나, 늙은 부모가 치매에 걸리는 등의 일들이 발생하면 초조하게 안달하고, 걱정하고, 하나님께 부르짖고, 하나님의 선하심과 사랑에 의문을 제기한다. 그러나 좋은 것이 무엇인지 하나님께서 정의하시게 하면 어떻게 될까?

불안과 조바심은 우리의 평화와 기쁨만 손상시킬 뿐 아무것도 바꿔 놓지 못한다. 평화는 외적인 것들이 아니라 모든 것들을 자신의 손에 안전하게 갖고 계신 하나님을 신실한 자세로 조용히 앙망하는 준비된 마음 안에 있다.”

예수님은 제자들의 믿음 없음을 꾸짖으셨다. 혹시 우리에게도 그런 잘못이 있는 것은 아닐까? 예수님은 제자들의 의욕 부진이나 이적을 일으키는 방식의 오류나 미약한 동정심을 꾸짖으신 게 아니다. 예수님은 그들의 믿음 없음을 꾸짖으셨다.

제자들은 그 가련한 아버지를 진심으로 도우려고 했지만 오히려 아픔만 더해주고 말았다. 그들은 예수님을 따르기 위해 자신들의 모든 것을 버린 자들로서 사람들에게 예수님을 더 잘 나타내기를 원했지만 믿음이 없음으로 인해 아이를 고치지 못했다.

내가 이 이야기에서 정말 좋아하는 부분은 믿음에 관한 교훈을 주신 예수님의 방식이다. 예수님은 제자들의 불신앙을 꾸짖으신 뒤, 상심한 아이의 아버지에게 아이를 데려오라고 말씀하셨다(막 9:19). 만약 내가 그 아버지였다면 그 순간 심장이 두방망이질치기 시작했을 것이다. 성경은 사람들이 아이를 예수님께 데려왔고, 귀신이 예수님을 보고 행동을 개시하여 아이에게 심한 경련을 일으켰다고 말한다. 그런데 예수님은 아이가 땅에 엎드러져 구르며 거품을 흘릴 때 아이의 아버지에게 한 가지 질문을 하셨다.

"언제부터 이렇게 되었느냐?"(막 9:21).

관심과 연민의 질문이었다. 아버지는 아들이 어릴 적부터 귀신에게 괴롭힘을 당했다고 말하면서 눈물을 쏟았을 것이다. 계속해서 그는 귀신이 아이를 죽이려고 불과 물에 자주 던졌다고 덧붙였다. 상상해 보라. 그도 아들을 구하기 위해 불과 물에 자주 뛰어들었을 것이다. 그들 부자(父子)는 끔찍한 화상을 입었을지도 모른다. 또한 귀신이 경련을 일으키는 그 아이를 물에 던졌을 때 아버지는 목숨을 걸고 급류에 뛰어들었을 것이다. 그는 괴롭고 무거운 기억들과 영혼을 짓누르는 지난 세월의 고통을 안고 절박한 심정으로 예수님께 간청했을 것이다.

그러나 무엇을 하실 수 있거든 우리를 불쌍히 여기사 도와주옵소서 막 9:22

아마 그날 아침, 아이의 아버지는 예수님이 자기 아들을 고쳐주실 거라고 확신하며, 설레는 소망과 기대를 품고 아들을 데리고 집을 나와 제자들이 있는 곳을 찾아 나섰을 것이다. 그러나 제자들의 실패를 경험한 뒤에 군중들 가운데 서 있는 지금, 땅바닥에 나동그라져 괴로움에 몸부림치는 아들의 모습을 지켜보면서 소망과 기대는 무참히 꺾이고 실낱같은 믿음만 남았을 것이다.

그래서 예수님을 향한 가련한 아버지의 부르짖음이 '만약에 무엇을 하실 수 있거든'이란 말로 시작된 것은 하나도 이상한 일이 아니다. 그런데 예수님은 아버지의 간청에 포함되어 있는 '만약에'라는 어구의 의미를 정확히 짚어 말씀하셨다.

예수께서 이르시되 할 수 있거든이 무슨 말이냐 믿는 자에게는 능히 하지 못할 일이 없느니라 하시니 막 9:23

작은 암과 큰 암

내 마음을 괴롭게 하는 게 바로 그 말씀이다. 내가 그 아버지처럼 "만약에 _____을 하실 수 있으면"과 같은 기도를 많이 드리고 있기 때문이다. 믿는 자에게는 능히 하지 못할 일이 없다는 사실을 좀처럼 의식하지 못하기 때문이다.

얼마 전, 내 문제를 놓고 주님과 이야기를 나눌 때였다. 항암 화학치료는 매우 유쾌하지 못하다. 하지만 현재 추적 가능한 암세포가 내 몸에서 발견되지 않고 있고, 내 주치의 또한 항암치료를 잘 받으면 암이 재발하지 않을 가능성이 높다고 전망하고 있기에 앞으로도 수차례를 더 받을 예정이다.

그러나 우리 교회의 교인 가운데 암세포가 전신에 전이되어 고생하는 사람이 있다. 그는 2년 전에 대장암 진단을 받고 갖은 노력을 하면서 용감히 싸웠음에도 여전히 종양은 몸에 남아 있다. 설상가상으로 얼마 전, 스무 살밖에 되지 않은 그의 아들이 자신과 같은 암 진단을 받았고, 대장에서 시작된 암 세포가 간(肝)과 뇌(腦)까지 전이되어 있는 상태다.

나는 하나님과 대화를 나누던 그 시간, 그의 아내이자 아들의 어머니인 큰 믿음의 여인인 가일을 생각하고 있었다. 그녀는 남편과 아들이 필사적으로 암과 싸우는 중이었으므로 마가복음 9장에 나오는 아버지보다 훨씬 더 절박한 심정을 갖고 있었다. 나는 그들을 위해 기도하는 중이었다. 그런데 하나님께서 내게 질문하시는 것이 느껴졌다.

'얘야, 내가 작은 암을 고칠 수 있다고 믿니?'

나는 내 암을 '작은 암'이라고 생각하고 있었기에 즉시 대답했다.

'네, 주님께서 제 암을 고쳐주실 수 있다고 믿습니다. 아니, 고쳐주실 거라고 믿습니다!'

하나님께 그런 믿음을 고백한 나 자신이 대견스럽게 느껴졌다. 하지만 그런 만족감에 취하기도 전에 하나님께서 다시 질문하셨다.

'그러면 내가 큰 암도 고칠 수 있다고 믿니?'

나는 전신에 퍼진 암으로 고생하고 있는 그 교인과 그 아들의 암을 '큰 암'이라고 생각하고 있었다. 이번에는 바로 대답하지 못했다. 내가 머뭇거리고 있다는 것을 하나님께서 알고 계신다는 느낌이 들었다. 하나님께서 내 대답을 기다리시는 동안 마음속으로 생각해보았다.

'모든 치유의 능력이 하나님으로부터 나오잖아. 인간을 만드신 분이 바로 하나님이잖아. 그러니 하나님은 우리를 고쳐주실 거야!'

그동안 나는 몇 차례의 수술을 받았다. 그러나 그것이 내 몸에 끼친 긍정적인 영향보다는 인간의 실제적인 노력 없이도 내 몸에 흘러들어온 이적적인 치유의 능력에 대한 체험을 통해 더 크게 놀랐다. 의사들은 종양을 제거할 수 있지만 병을 치료하지는 못한다. 병을 고치는 분은 하나님이시다. 의사들은 항암치료를 실행할 수 있지만 몸을 회복시키지는 못한다. 몸을 원래대로 회복시키는 분은 하나님이시다. 나는 신중히 생각한 뒤에 대답했다.

'오직 주님만이 고치실 수 있습니다. 주님은 치유의 하나님이십니다!'

그러자 하나님께서 누가복음 18장 27절 말씀, "무릇 사람이 할 수 없는 것을 하나님은 하실 수 있느니라"를 기억하라고 명하셨고, 나는 즉각 "아멘!"이라고 화답했다.

그래서 지금 나는 극히 미약한 내 믿음을 붙잡고 큰 암에 걸린 교인 두 사람을 위해 기도하고 있다. 항암치료를 나와 같이 받던 한 사람이 언젠가 "암은 그저 암일 뿐이에요"라고 말했던 게 기억난다. 암은 우리 인생을 주권적으로 통치하시는 하나님의 자리를 찬탈할 수도, 지배할 수도 없다. 당신에게 이런 이야기를 하는 이 순간, 내 마음은 "내가 믿나이다 나의 믿음 없는 것을 도와주소서"(막 9:24)라고 예수님께 간청했던 그 아버지의 마음과 같다. 얼마나 아름다운 기도인가!

"주님! 믿습니다. 제 불신앙을 극복할 수 있게 도와주세요."

그러나 그보다 더 아름다운 것은 예수님이 그 기도에 응답하신 방식이다.

예수께서 무리가 달려와 모이는 것을 보시고 그 더러운 귀신을 꾸짖어 이르시되 말 못하고 못 듣는 귀신아 내가 네게 명하노니 그 아이에게서 나오고 다시 들어가지 말라 하시매 막 9:25

귀신은 순종할 수밖에 없었다. 왜냐하면 천상의 능력의 영역에서는 예수님이 궁극적으로 통치하고 계시기 때문이다. 마가는 귀신이 비명을 지르며 아이에게 심한 경련을 일으킨 뒤에 나갔다고 기록했다. 그러나 일단 귀신이 떠나자 소년은 아무런 움직임이 없었고, 무리들은 소년이 죽은 것이라고 생각했다.

(그러나) 예수께서 그 손을 잡아 일으키시니 이에 일어서니라 막 9:27

무리들이 떠나자 제자들은 예수님께 질문했다.

"우리는 어찌하여 능히 그 귀신을 쫓아내지 못하였나이까"(막 9:28).

그리고 예수님은 그들의 능력 부족이 기도 부족과 직결되어 있다고 말씀해주셨다.

"기도 외에 다른 것으로는 이런 종류가 나갈 수 없느니라"(막 9:29).

얼마 전에 나는 기도에 관한 중요한 진리를 깨달았다. 전날 밤에 사랑하는 한 여성 성도에 대한 꿈을 꾸었기에 하루 종일 그녀에 대한 생각을 했다. 나는 보통 어떤 사람에 관한 꿈을 꾸면 그를 위해 기도하라는 성령의 촉구로 받아들인다. 그래서 이 책을 조금 더 쓰려고 늦게까지 일하고 있었을 때, 작업을 멈추고 그녀를 위해 기도해야 한다는 생각이 들었다. 하지만 그러한 내면의 촉구를 계속 미루고 작업에 열중했다. 나중에 작업을 다 마치고 침대에서 책을 읽기 시작했을 때 그녀를 위해 기도해야 한다는 생각이 다시 들었다. 그래서 책을 내려놓고 기도하기 시작했다.

그리고 기도하던 중에 깨달았다. 하나님께서 우리의 상황을 어떻게 해결해주실 것인지에 대해 생각하는 것, 바라는 것, 몽상하는 것, 심지어 말하는 것이 실제로 직접 '기도하는 것'과 전혀 같지 않다는 것을! 우리가 기적적이고 불가능한 것들을 체험하지 못하는 까닭이 기도하지 않기 때문인지 모른다.

다음번에 성경 말씀을 있는 그대로 받아들이라는 도전을 받게 되거든 반드시 기도하기 바란다. 그리고 기도 시간을 통해 당신의 마음과 머리에 있는 모든 것들을 정직하게 아뢰고, 또 당신에게 말씀해주신 것들을 하나님께 분명하게 상기시켜드리기 바란다. 이를 위한 가장 좋은 출발점은 마가복음 9장 23절 말씀이다.

믿는 자에게는 능히 하지 못할 일이 없느니라

모두 이해하지
못할지라도

결혼생활을 위한 기도

목회자 아내는 온갖 시련을 겪는 성도들의 삶을 자세히 볼 수 있는 특권이 있다. 나는 목회 사역의 이런 점들이 좋다. 왜냐하면 이 세상 임금이 하나님의 자녀들을 향해 끔찍한 주먹을 날릴 때 그들이 하나님의 신실하심과 참되심을 직접 체험할 수 있는 기회를 얻기 때문이다. 그러나 사탄이 우리를 제멋대로 주무르는데도 하나님께서 뒷짐을 지고 무관심하게 내버려두시는 것처럼 보일 때 그분을 신뢰하기란 쉽지 않다.

우리는 "모든 것이 합력하여 선을 이루게 된다"(롬 8:28)는 것을 잘 알고 있다. 그러나 우리의 환경이 그와 정반대로 돌아갈 때는 그 말씀을 믿기가 정말 어렵다. 이 부분에 대해 내가 그간의 사역을 통해 체험한 이야기를 전하려고 한다.

나는 우리 교회의 기도 사역자이다. 내 역할은 교인들의 영적 분위기를 민감하게 관찰하여 그들에게 기도를 요청하는 것이다. 한때 우리 교회의 성도들의 결혼생활을 파괴하려는 사탄의 이례적인(평상시보다 훨씬 더 파괴적이고 광범위한) 폭격으로 교회 리더들의 결혼생활에 큰 어려움이 닥친 적이 있다. 당연히 나는 그 공격에 괴로워했고 기도하면서 분개했다.

'사탄이 감히 교회에 침투해 하나님의 자녀들을 무차별적으로 파괴하고 있다니….'

나는 모든 기혼자들에게 결혼생활을 위한 기도를 요청하기로 결심했다. 그래서 그해 어머니날에 긴장과 떨림을 무릅쓰고 교인들 앞에 섰다. 나는 너무나 긴장해서 무릎끼리 부딪칠 지경이었지만 형제들을 향해 가정의 영적 지도자가 되라고 도전하는 동시에 '어머니날'(매년 5월 둘째 주일)에서 '아버지날'(매년 6월 셋째 주일) 사이의 기간 동안에 각자의 아내들과 함께 매일 기도에 전념하자고 도전했다. 나는 먼저 남편들에게 강단 앞으로 나와 색인카드에 각자의 이메일 주소를 기입하여 그 도전에 대한 각자의 태도를 밝히라고 요구했다. 사실 그들이 그런 내 도전에 어떻게 반응할지는 전혀 짐작하지 못했다.

하지만 담임목사인 남편이 나를 지지해주었고, 우리는 교인들과 함께 찬양을 했다. 그런데 그 순간, 예배당에 앉아 있던 수백 명의 남편들이 벌떡 일어나 강단 앞으로 몰려나왔고 300쌍 이상의 부부들이 자신들의 결혼생활과 가정을 위해 5주 동안 기도하기로 결단했다. 이후로 교인들은 해마다 그 기간 동안, 자신들의 결혼생활을 위해 기도하는 시간을 갖고 있다.

그 다음 주부터 교인들에게서 날아오는 소식에 나는 무척 감격했고 기도 기간이 끝나는 아버지날에 그 소식을 교인들에게 전하고픈 열망이 느껴졌다. 하나님께서 우리에게 불꽃놀이의 폭죽처럼 폭발력 있는 간증이나 하나님의 백성들이 기도했을 때 그분의 영광이 밝히 드러나는 간증들을 주시기를 고대했다. 이미 많은 교인들이 하나님께서 그들의 기도에 어떤 식으로 역사하셨는지에 대한 이야기들을 메일로 보내 왔고, 하나님께서 그 기회를 사용하시어 자신의 영광을 밝히 드러내시리라는 것을 나는 알고 있었다.

멜리사의 기적

몇 주 후, 친구 멜리사가 나를 점심 식사에 초대했다. 그녀는 훌륭한 됨됨이와 그에 딱 어울리는 목소리를 갖고 있으며 우리 교회 성가대의 주요 솔리스트이다. 내 남편은 그녀의 찬양을 좋아했고, 그녀 또한 찬양하기를 좋아했다. 긴 머리카락과 반짝이는 아이디어와 넓은 포용력과 삶에 대한 열정을 갖고 있는 그녀는 전형적인 텍사스 여자이다. 사람들이 모여 있는 방에 그녀가 모습을 드러내면 웃음꽃이 핀다. 그리고 야외에서 도시락 주변에 모여드는 개미보다 더 재빠르게 파티를 기획하는 사람이다.

나는 그녀와 그녀의 남편 데이비드가 아기를 갖기 위해 오랫동안 기도해왔다는 것을 알고 있었다. 나 역시도 불임을 겪어본 터라 멜리사가 아기를 가질 수 있게 해달라고 뜨겁게 기도했다. 당시 그들은 결혼생활에 위기를 겪고 있었다. 그들의 상황을 구체적으로는 몰랐지만 그들이 교회의 리더들 가운데 사탄의 공격을 심하게 받은 부부라는 것은 알고 있었다. 그녀는 성가대의 뛰어난 솔리스트로 활동했을 뿐 아니라 자신의 남편과 함께 신혼부부들을 위한 소그룹도 이끌고 있었다.

사실 나는 점심을 대접하고 싶다는 멜리사의 전화에 약간 걱정이 됐다. 우리 교회 부부들의 결혼생활이 사탄의 공격을 받고 있다고 공표한 일 때문에 내게 무척 실망했으리라는 것을 알 수 있었다. 아니나 다를까 샐러드가 나오자 그녀는 말을 꺼냈다.

"사모님, 몇 주 전에 사모님이 교인들 앞에서 우리 교회 부부들의 결혼생활이 사탄의 공격을 받고 있다고 말씀했을 때 '차라리 데이비드와 내 사진을 예배당의 대형 화면에 띄워놓으시지'라고 생각했어요."

나는 겸연쩍은 미소를 지었다. 그리고 그들이 힘든 시기를 지나고 있다는 것을 알고 있었지만 그들만 그런 것도 아니고, 또 교인들에게 말했을 때 그들을 떠올리지 않았다고 설명해주었다.

그녀는 계속 말했다.

"데이비드와 제가 매일 기도해왔다는 걸 사모님이 아셨으면 좋겠어요. 교인들 앞에서 간증을 하고 싶어요."

그 말을 듣는 순간 오싹한 전율이 느껴졌다. 만약 멜리사와 데이비드가 교인들 앞에서 간증을 한다면 모든 교인들이 힘을 얻을 수 있을 것 같았기 때문이다.

잠시 후에 멜리사가 말을 이었다.

"결혼 초기에는 아기를 달라고 남편과 오랜 기간 열심히 기도했지만 나중에는 기도하지 않았어요. 하지만 우리는 그 일로 하나님을 원망하고 낙담하는 대신에 우리 자신과 결혼생활과 하나님께서 우리에게 원하시는 것들에 대해 기도했어요."

참으로 근사한 신앙이 아닌가! 나는 그녀의 말에 귀를 기울였다.

"그리고 그런 기도를 통해 하나님께서 지금 우리 두 사람을 치유해 주고 계세요."

그 말을 들었을 때 나는 기도 기간이 끝나는 아버지날에 교인들 앞에서 불꽃놀이처럼 터트릴 폭죽을 갖게 되었음을 알고 매우 기뻤다.

그런데 멜리사가 뭔가 더 말하고 싶은 것 같았다.

"그리고 사모님, 저 말인데요 ….”

"뭔데요? 말해봐요."

"임신했어요!"

오직 하나님께서만 하실 수 있는 일을 똑똑히 보라! 남편과 나는 멜리사가 아기를 가질 수 있게 해달라고 정말 오랫동안 기도해왔다. 그런데 성도들에게 결혼생활의 회복을 위해 기도하라고 용감하게 도전했던 바로 그 시기, 오래전부터 불임으로 고생하던 멜리사가 아기를 가졌다는 것이었다.

"정말이에요? 정말인 거죠?"

"네, 맞아요. 남편과 제가 구하지도 않았는데 하나님께서 아기를 주셨어요."

멜리사가 잔뜩 들뜬 목소리로 말했다. 그러나 나는 하나님을 믿는 사람이요 목회자의 아내임에도 다음과 같이 말했다.

"물론 나는 당신과 데이비드가 아버지날에 모든 교인들 앞에서 간증을 하길 원해요. 하지만 당신의 임신에 대해 간증을 했다가 혹시 일이 잘못되어 아기를 잃게 되면(그녀는 이미 몇 차례 유산을 경험한 적이 있었다) 교인들 모두가 알게 될 것이고, 그러면 당신이 무척 힘들어질 수도 있어요."

내가 멜리사에게 이렇게 말한 데는 나름의 이유가 있었다. 나는 목회자의 아내로 오랜 세월을 살면서 불임의 고통과 그러다가 임신을 하게 되고 3년 동안 연년생으로 세 아이를 낳는 것과 나와 떨어지기 싫어하는 아이를 어린이집에 떼어놓고 나와야 하는 곤혹스러움을 잘 알기 때문이다. 또한 수백 명의 교인들이 개인적인 내 삶의 힘들고 버거운 발걸음 하나하나를 지켜볼 때의 느낌이 어떤 것인지 잘 알기 때문이다. 그런 것을 견디기가 여간 어려운 게 아니란 걸 그 누구보다 잘 알기에 그녀가 충분히 고려하기를 원했다. 그러자 멜리사가 싱긋 웃으면서 말했다.

"하나님께서 아기를 갖게 해달라는 우리 부부의 기도에 지금 이때에 응답해주신 게 이것을 통해 영광을 받길 원하시기 때문이라고 믿고 싶어요. 그리고 또 모든 성도들의 기도의 힘으로 아기를 순산하고 싶기도 하고요."

나는 멜리사의 믿음에 흐뭇한 미소를 지었고, 그녀의 기도가 응답받은 것을 축하했고, 부부 기도운동이 끝나는 아버지날에 과연 하나님께서 얼마나 크고 놀라운 일들을 보여주실지 기대하면서 집으로 돌아왔다. 그리고 마침내 아버지날에 멜리사와 데이비드는 하나님께서 그들 마음의 상처를 기적적으로 치유해주시고 아기를 갖게 해달라는 부르짖음에 응답해주신 것을 교인들 앞에게 간증했다.

기적인가 미친 짓인가

몇 주 후, 멜리사에게서 전화가 왔다. 검진을 받으러 산부인과에 갔더니 의사가 아기의 심장박동 소리를 들려주었다는 것이다. 그녀는 흥분했고 나는 감격했다. 나는 하나님의 아름다운 이야기가 그렇게 해피엔딩이 될 거라고 생각했다. 그러나 몇 개월 후, 태아에게 매우 나쁜 일이 일어났다는 소식이 들려왔다. 초음파 촬영에서 태아의 방광이 부풀어 있는 게 발견되었다는 것이다. 그것은 곧 요도(尿道) 폐색을 의미했고 담당의사는 예후가 그리 좋지 못하다고 말했다.

사실 의사들은 분만 시에 아기가 죽을 수도 있다는 것을 각오하고 달이 찰 때까지 있다가 낳거나 태아가 자궁에 있는 동안 태아의 요도에 측로(側路)를 삽입하거나 아예 중절수술을 하는 방법이 있다고 멜리사 부부에게 말했다. 물론 그들은 하나님께서 주신 아기를 중절시키는 세 번째 방법은 고려할 마음조차 먹지 않았다. 대신에 악몽 같은 상황을 주변 사람들에게 자세히 전했고, 하나님께서 기적을 베풀어주시기를 함께 기도해달라고 청했다.

그 소식을 들은 날은 화창하게 맑은 날씨에 감사하며 산책을 마치고 돌아온 직후였다. 나는 즉시 침대 옆에 무릎을 꿇었고, 내 영혼 가장 깊은 곳에서 우러나는 간절함으로 하나님께 부르짖었다. 그 아기를 살려주지 않으시면 아버지날에 터트렸던 불꽃놀이 폭죽은 허사가 되고 마는 거라고 하나님께 아뢰었다.

대체 하나님은 어떤 분이시기에 그런 귀한 선물을 주시고는 금세 앗아가시려는 것일까. 만일 하나님께서 아기를 고쳐주지 않으시면 교인들에게 어떻게 설명해야 할지 정말 난감했다. 그러자 나도 모르게 눈물이 쏟아졌다. 그렇게 하염없이 눈물을 흘리고 있을 때 하나님께서 내게 '말씀'을 주셨다. 그것은 마치 하나님께서 내 귓불을 잡아당기며 귀에 대고 직접 말씀하시는 것처럼 내 영(靈)의 귀에 선명하게 들려왔다. 우리가 간절한 심정으로 무릎을 꿇을 때 하나님께서는 반드시 말씀을 주신다.

우리 가운데서 역사하시는 능력대로 우리가 구하거나 생각하는 모든 것에 더 넘치도록 능히 하실 이에게 교회 안에서와 그리스도 예수 안에서 영광이 대대로 영원무궁하기를 원하노라 아멘 엡 3:20,21

나는 고개를 들어 올리며 안도의 한숨을 쉬었다. 그것은 좋은 말씀이었고 나는 미소를 지었다. 그리고 바로 다음 순간, 그 이듬해 아버지날에 인형처럼 귀여운 딸을 안고 교인들 앞에 나란히 서 있는 멜리사와 데이비드의 모습이 나도 모르게 그려졌다. 하나님께서 내게 말씀과 환상을 동시에 주시는 일은 드물었지만 멜리사의 태아를 위해 간절

히 기도한 그때는 말씀과 환상을 동시에 주셨다. 내 마음은 이내 잔잔
해졌고 하나님께서 내 기도를 들어주셨음을 알 수 있었다.

그 기도에 대해 멜리사에게 말했는지는 잘 기억나지 않는다. 그러나
무릎을 펴고 일어났을 때, 태아가 남아(男兒)가 될 수 있게끔 기도해달
라던 멜리사의 부탁이 생각났다(물론 태아의 성별은 정자와 난자의 수정과
동시에 결정되지만, 멜리사는 태아의 요도에 측로를 삽입하는 수술을 시행할 경우
여아보다는 남아가 생존확률이 높기 때문에 태아가 남아로 판명되기를 고대했다).
그래서 나는 교인들과 함께 기도했고, 얼마 후에 하나님께서 우리의
기도를 들으시고 응답하시어 우리가 구한 것을 주셨다는 사실에 더욱
기운을 낼 수 있었다. 멜리사의 태아가 남아로 판명되었던 것이다!

그러나 얼마 후, 이전보다 더 나쁜 소식이 날아들었다. 태아의 콩팥
이 제대로 기능하지 않고 생명 유지 또한 장담할 수 없기에 의사들이
더 이상 측로 삽입 수술을 고려하지 않는다는 것이었다. 의사들은 멜
리사가 마지막 달이 될 때까지 있다가 분만할 수는 있지만, 아무래도
아기가 살 수 있을 것 같지는 않다고 말했다. 멜리사는 이 모든 상황을
우리에게 자세히 전해주었고, 우리는 그녀를 위해 기적을 일으켜달라
고 하나님께 간절히 기도했다.

계속 기도회를 열었고, 믿음을 잃지 말자고 서로를 격려했으며, 성
경 말씀에 기록된 약속들을 주장하면서 하나님께 간청했고, 손을 들고
찬양했으며 말씀을 있는 그대로 믿었다. 우리는 절박했다. 하나님께
단 한순간의 휴식도 허락하지 않을 기세로 맹렬하게 기도에 전념했다.

아름다운 메시지

그러던 어느 연휴, 멜리사가 자신을 위해 기도에 열중하고 있는 나를 비롯한 '허다한 증인들'에게 아름다운 메시지를 전해왔다.

연휴 기간에 제 소식을 전해 여러분의 마음을 무겁게 해드리는 것은 아닐까 무척 염려되지만 정말 많은 분들께서 최근 소식을 요청하셨기에 답장을 드립니다.

보름마다 병원에 가서 초음파 기계로 귀여운 엘리사의 심장 소리를 듣는 게 얼마나 큰 기쁨인지 모릅니다. 그 아이는 씩씩하게 심장을 박동하면서 한 인간으로 자라고 있습니다. 그러나 우리가 그 아이에게서 볼 수 있는 유일한 변화는 그렇게 '자라는 것'뿐입니다. 의사들은 엘리사가 정상적인 폐 기능을 갖게 될 확률이 아직 희박하다고 말합니다.

그 아이의 작은 방광은 이미 지나치게 부풀어 좀처럼 가라앉을 기미를 보이지 않습니다. 그러나 아이가 불편할까 걱정하지 않으셔도 됩니다. 그렇지 않을 거라고 하나님께서 제게 확실히 말씀해주셨기 때문입니다. 아이의 방광은 액체로 가득 차 있지만 자기 힘으로 배출하지 못하고 있습니다. 그리고 지난주 우리는 그 액체가 콩팥으로 역류하는 것을 발견했습니다. 콩팥은 여전히 기능을 하지 못하고 있습니다. 그러나 나쁜 소식은 여기까지입니다.

지금 엘리사는 의사들이 예견한 것보다 훨씬 더 활발하게 움직이고 있습니다. 매일 발로 차고 몸을 뒤집고 돌립니다. 하루 종일 그렇게 움직입니다. 그건 제가 누구보다 잘 알고 있습니다. 불과 몇 주 전만해도 아이의 자세는 거꾸로 되어 있었습니다. 의사들은 제대로 된 자세를 잡을 때까지 상당한 시간이 걸릴 거라고 말했지만, 보름 만에 출산에 적합한 자세를 잡았습니다. 모든 면에서 완벽한 자세를 잡고 있어서 의사가 깜짝 놀라며 처음으로 환하게 웃더군요.

무엇보다 여러분께 두 가지를 알려드리고 싶습니다. 첫 번째는 저희 부부가 엘리사를 순산하여 집으로 데려갈 수 있을 거라고 굳게 믿고 있다는 것입니다. 의사들은 그런 저희 부부를 미쳤다고 할지 모릅니다. 그러나 상관하지 않습니다. 여러분과 저는 정말 많은 기도를 드렸고, 하나님의 약속들을 힘써 주장하면서 정말 많이 간청했습니다. 저는 하나님께서 그분의 이름으로 놀라운 이적을 행하시기 위해 완벽한 무대장치를 꾸미신 거라고 믿습니다. 또한 이 시련의 시기 동안에 하나님과 더욱 가까워진 것에 감사드리고 있습니다. 엘리사는 여러 가지 면에서 제 마음을 따뜻하게 해줍니다.

두 번째는 여러분의 기도와 애정이 저희의 삶을 완전히 변화시켰다는 것입니다. 저희를 위한 수많은 기도들과 카드에 써서 건네시고 직접 말씀해주신 격려와 위로의 메시지들 덕분입니다. 현재 저희가 미약하나마 이만큼의 믿음을 갖고 있는 것은 전적으로 여러분 덕택입니다. 내년 분만 예정일에 우리 모두가 하나님의 사랑에서 나온 기적의 선물을 받게 되기를 계속 믿어주시기 바랍니다.

요즈음 남편과 저는 두 개의 성경 구절을 마음에 지니고 다닙니다. 하나는 "내가 지혜 있는 자들의 지혜를 멸하고 총명한 자들의 총명을 폐

하리라"(고전 1:19)는 말씀입니다. 엘리사가 무사히 세상에 나온다고 해도 오랜 기간 입원치료를 받아야 할 거라고 의사가 말할 때마다 이 구절을 두루마리 펼치듯 마음에 펼칩니다. 다른 한 구절은 어느 날 개인 경건시간에 《메시지》(The Message, 유진 피터슨 목사가 현대어로 의역한 성경)에서 읽은 것으로 "바로 이런 이유로 하나님의 약속의 성취는 전적으로 하나님과 그분의 길을 신뢰하는 것, 하나님과 그분이 하시는 일을 단순히 받아들이는 것에 달려 있습니다"(롬 4:16)라는 구절입니다.

우리 모두 믿음으로 하나님을 찬양합시다. 엘리사는 죽지 않고 살 것입니다. 주님의 역사를 선포하기 위해 살 것입니다!

나는 그녀의 생각에 전적으로 찬성했다. 특히 "저는 하나님께서 그분의 이름으로 놀라운 이적을 행하시기 위해 이렇게 완벽한 무대장치를 꾸미신 거라고 믿습니다"라고 말한 부분에 진심으로 동의했다. 모든 교인들은 그 아이가 살 수 있기를 기도하고 있었고, 하나님께서 우리들 가운데서 이적을 행하시는 것을 목격하길 갈망하고 있었다.

성탄절 아침의 비보

그해 성탄절은 주일이었다. 우리 가족은 해마다 조지아에 있는 친정에서 성탄절을 보냈기에 전날에 아이들을 데리고 친정에 갔다. 남편은 주일아침 예배 설교를 위해 집에 남아 있었고, 예배가 끝난 뒤에 합류하기로 했다.

성탄절 이른 아침, 우리는 이미 선물 보따리들을 풀어보고 목욕을 하고 옷을 입고 예배당에 갈 차비를 했다. 나는 침실에 앉아 묵상 시간을 가졌다. 성탄절 아침에 내가 택한 말씀은 이사야서 40장이었다. 그런데 "그는 목자같이 양 떼를 먹이시며 어린 양을 그 팔로 모아 품에 안으시며 젖먹이는 암컷들을 온순히 인도하시리로다"라는 11절에 이르렀을 때, 전화벨이 울렸다.

남편의 전화였다. 성탄절 아침을 떨어져서 보내는 게 처음이라서 예배에 가기 전에 크리스마스 인사를 하려는 것이려니 생각하고는 전화를 받았다. 그러나 남편의 목소리를 들었을 때 심각한 일이 생겼다는 것을 직감할 수 있었다. 혹여 그에게 좋지 않은 일이 생겼을까 하여 가슴이 철렁 내려앉았다. 남편은 차분하게 가라앉은 목소리로 말했다.

"오늘 아침에 멜리사가 아기를 낳았대요."

나는 남편의 말이 끝나기가 무섭게 말했다.

"어머 벌써요? 예정일은 내년 2월 14일 밸런타인데이 아니에요?"

"맞아요. 아기는 한 시간 동안 살아 있다가 죽었대요."

남편은 더 이상 말이 없었다.

"저런 ⋯."

그 순간 남편과 함께 있었으면 좋겠다는 생각이 들었다. 성탄절 아침에 그런 슬픈 심정으로 설교를 해야 하는, 인간적으로 가장 연약해지는 순간임에도 모든 교인들이 주시하고 있기 때문에 누구보다 더 강한 모습을 보여야 하는 남편이 무척이나 가엾게 여겨졌다. 내가 말했다.

"어떻게 이런 일이 있을 수 있죠? 그것도 성탄절 아침에….”

그러나 나는 남편이 전해주는 소식에 한 번 더 놀랐다. 멜리사 부부가 예상 외로 평온했다는 것이다. 그들은 자신들의 귀한 아들을 보내주신 하나님을 찬양하고 있었고, 그 아이와 보낼 수 있었던 시간에 대해 감사하고 있었다.

솔직히 나는 그들만큼 영적이지 못한 것 같다. 왜냐하면 그들의 이야기를 들었을 때 '아, 그것이 어떤 선물이었는데 어떻게 그럴 수 있지?'라는 생각이 들었기 때문이다. 하지만 그 생각을 겉으로 표현하지 않고 대신 속으로 중얼거렸다.

'아기를 잃고도 어떻게 그럴 수 있을까?'

남편은 예배를 마친 뒤에 갈 테니, 하룻밤을 지내고 다음날 추도예배와 장례식을 위해 함께 집으로 돌아오자고 말했다. 나는 남편에게 사랑한다고, 기도하겠다고 말하고는 다시 이사야서 40장 말씀을 읽어 나갔다.

그날 밤, 멜리사에게 전화가 왔다. 내가 그 상황이라면 말할 기운조차 내지 못했을 텐데 그녀의 목소리에는 뜻 모를 강인함이 배어 있었다.

"사모님께서 엘리사의 장례식 때 추도문을 낭독해주셨으면 좋겠어요.”

"다른 사람들도 많은데 왜 나한테….”

"그간에 우리가 열렬히 기도했음에도 엘리사가 짧은 삶을 살고 떠나야 했던 이유가 무엇인지 교인들이 의아해할 것 같아서요. 사모님께서 설명해주셨으면 좋겠어요."

나는 정직하게 대답했다.

"멜리사, 나 역시도 의아해하고 있는 한 사람에 지나지 않아요. 그렇지만 엘리사의 추도문을 낭독하게 된다면 영광으로 생각하겠습니다. 당신을 사랑해요. 힘내요."

하나님만 하실 수 있는 일

데이비드와 멜리사 부부의 아기의 장례식 날이 되었다. 아기의 장례식은 언제나 슬프다. 나는 그들 부부로 인해 무척 슬펐지만 우리 삶을 주권적으로 다스리시는 하나님의 통치에 전적으로 굴복하는 그들의 강인함과 결단에 일종의 경외심을 갖고 그들 옆에 서 있었다.

우선 남편이 시편 118편을 본문으로 놀라운 말씀을 전했다.

너는 나를 밀쳐 넘어뜨리려 하였으나 여호와께서는 나를 도우셨도다
여호와는 나의 능력과 찬송이시요 또 나의 구원이 되셨도다 시 118:13,14

남편은 슬픈 기색을 감추지 못했지만 멜리사가 다시 찬양할 날이 꼭 올 거라고 했다. 다음으로 내 차례가 되었다. 다음은 내가 그날 엘리사의 장례식에서 추도문을 낭독했을 때 참고한 원고(原稿)이다.

엊그제 성탄절 아침, 친정에 가 있는 제게 남편이 전화를 했을 때 저는

이사야서 말씀을 묵상하고 있었습니다.

'외치는 자의 소리여 이르되 너희는 광야에서 여호와의 길을 예비하라 사막에서 우리 하나님의 대로를 평탄하게 하라 골짜기마다 돋우어지며 산마다, 언덕마다 낮아지며 고르지 아니한 곳이 평탄하게 되며 험한 곳이 평지가 될 것이요 여호와의 영광이 나타나고 모든 육체가 그것을 함께 보리라 이는 여호와의 입이 말씀하셨느니라'(사 40:3-5).

저는 이사야서 40장을 참 좋아합니다. 제가 어떤 사역을 해야 하는지에 대해 분명하게 말해주고 있기 때문입니다.

저는 하나님께서 기도하라고 사람들을 재촉하실 때와 오직 하나님께서만 하실 수 있는 일들을 믿으라고 재촉하실 때, 그분의 길을 예비하는 것이 제 역할임을 깨닫습니다. 즉 그분의 영광이 나타날 때 우리 모두 함께 체험할 수 있게끔 우리의 절망의 골짜기들을 평평하게 다지고 불가능의 산들을 용감하게 정복하는 것이 제 역할임을 깨닫습니다.

그날 아침 남편에게 엘리사의 소식을 듣고 제 입에서 나온 첫마디는 "어떻게 그런 일이 있을 수 있을까요? 그것도 성탄절 아침에?"였습니다. 하염없이 눈물이 쏟아졌고, 제 영혼 안에서 거품처럼 솟아나는 분노 같은 것과 싸웠습니다. 그러다가 다시 이사야서 40장을 읽기 시작했습니다.

'누가 손바닥으로 바닷물을 헤아렸으며 뼘으로 하늘을 쟀으며 땅의 티끌을 되에 담아 보았으며 접시저울로 산들을, 막대저울로 언덕들을 달아 보았으랴 누가 여호와의 영을 지도하였으며 그의 모사가 되어 그를 가르쳤으랴'(사 40:12,13).

"저는 그럴 수 있는 주제가 못 됩니다. 아멘."

이렇게 고백하면서 묵상을 끝마쳤습니다. 저는 성탄의 기쁨과 그들로 인한 슬픔이 뒤섞인 마음으로 성탄절을 보냈습니다. 그날 점심 때 제 딸들은 성탄절 연휴 계획을 짜고 있었습니다. 저는 아이들에게 아빠와 함께 장례식을 위해 다음날 집으로 돌아가야 한다고 말했습니다. 물론 아이들은 누가 죽었는지 물었고, 저는 "멜리사 집사님이 오늘 아침에 아기를 낳았는데, 한 시간 만에 그만 세상을 떠나고 말았어!"라고 대답했습니다.

그러자 딸들은 한목소리로 소리쳤습니다.

"성탄절에?"

저는 아이들에게 대답했습니다.

"하지만 데이비드와 멜리사 집사님은 아기를 하나님의 선물로 여기고 있단다. 자신들의 기도에 대한 응답으로 여기고 있어."

저는 제 두 딸이 희망과 이해의 반응을 보일 거라고 예상했습니다. 그러나 딸들은 제가 그날 아침 내내 생각하지 않으려고 무던히도 애쓰고 있던 그 말을 했습니다.

"응답받은 기도? 그런 응답받은 기도도 있어? 어떻게 하나님께서 아기를 주셨다가 금세 죽게 하실 수가 있는 거지?"

차마 제가 할 수 없던 말들이 제 딸의 입을 통해 허공에 울려 퍼지니 속이 시원해지는 것 같았습니다. 저는 "실은 엄마 생각도 그래"라고 대답했습니다. 그러고는 하나님께 부르짖었습니다.

"아, 하나님께서는 사람들이 하나님께 나아갈 수 있도록 광야에 길을 내라고 절 부르셨습니다. 그런데 어찌 제가 이런 상황에서 골짜기를 메우고 산을 깎아내 광야에 길을 낼 수가 있겠습니까? 제가 그런 일을 할 수 있도록 하나님께서 도우셔야 하는 것이 아닙니까?"

그때 이사야서 40장의 나머지 말씀이 생각났습니다.

'너희가 알지 못하였느냐 너희가 듣지 못하였느냐 태초부터 너희에게 전하지 아니하였느냐 땅의 기초가 창조될 때부터 너희가 깨닫지 못하였느냐 그는 땅 위 궁창에 앉으시나니 땅에 사는 사람들은 메뚜기 같으니라 그가 하늘을 차일같이 펴셨으며 거주할 천막같이 치셨고 귀인들을 폐하시며 세상의 사사들을 헛되게 하시나니 … 거룩하신 이가 이르시되 그런즉 너희가 나를 누구에게 비교하여 나를 그와 동등하게 하겠느냐 하시니라 너희는 눈을 높이 들어 누가 이 모든 것을 창조하였나 보라 주께서는 수효대로 만상을 이끌어 내시고 그들의 모든 이름을 부르시나니 그의 권세가 크고 그의 능력이 강하므로 하나도 빠짐이 없느니라 야곱아 어찌하여 네가 말하며 이스라엘아 네가 이르기를 내 길은 여호와께 숨겨졌으며 내 송사는 내 하나님에게서 벗어난다 하느냐 너는 알지 못하였느냐 듣지 못하였느냐 영원하신 하나님 여호와, 땅끝까지 창조하신 이는 피곤하지 않으시며 곤비하지 않으시며 명철이 한이 없으시며'(사 40:21-23, 25-28).

인간적인 생각과 마음으로 하나님의 깊은 뜻을 완벽하게 이해하기가 불가능하다는 것을 깨달을 때 우리는 마음의 평화를 얻을 수 있습니다. 하나님께서 우리를 가까이 잡아당기시고 가까이 오라고 손짓하실지라도 우리가 그분을 완벽하게 파악할 수 있는 것은 아니라는 사실을 이해할 때 위로를 얻습니다.

하나님께서는 우리보다 훨씬 더 크신 분으로, 우리의 이해를 초월한 분으로 남아 계십니다. 하나님은 우리가 쉽게 다룰 수 있는 분이 아니시며 아무리 애를 써도 그분을 좌지우지할 수 없습니다. 기도와 찬양과 예배를 통해서도, 그 무엇을 통해서도 하나님을 우리의 뜻에 구속시킬 수 없습니다. 사도 바울은 로마서 11장 33-36절에서 이 진리를 깨달았을 때 다른 모든 시도들을 다 포기하고 그저 찬양하기 시작했습니다. '깊도다 하나님의 지혜와 지식의 풍성함이여, 그의 판단은 헤아리지 못할 것이며 그의 길은 찾지 못할 것이로다 누가 주의 마음을 알았느냐 누가 그의 모사가 되었느냐 누가 주께 먼저 드려서 갚으심을 받겠느냐 이는 만물이 주에게서 나오고 주로 말미암고 주에게로 돌아감이라 그에게 영광이 세세에 있을지어다 아멘.'

영화 〈나니아 연대기〉에서 아슬란은 예수님을 나타내는 사자로서 선하고, 동정심이 많고, 사랑스럽습니다. 특히 아담의 아들들과 하와의 딸들(나니아 대륙에 등장하는 아이들)과 특별한 관계입니다. 그 아이들은 아슬란에게 가까이 다가가 그와 이야기를 나눕니다. 특별히 사랑스러운 부분은 아슬란 역시 그들과 이야기하는 것을 좋아한다는 것입니다.

어느 날 아이들이 아슬란과 함께 있을 때 아슬란이 쩌렁쩌렁 울리는 소리로 무섭게 포효합니다. 그중 한 명이 말합니다.

"아슬란은 길들여진 사자가 아니야."

그러자 다른 한 아이가 말합니다.

"맞아, 하지만 아슬란은 착한 사자야."

하나님은 길들여진 분이 아니십니다. 그러나 선하신 분이십니다. 멜리사, 하나님께서 날 두렵게 하실 때 나는 내 영적 뿌리를 파내고 거기서 쉼을 얻어요. 데이비드, 하나님께서 말도 안 되는 일들을 하시는 것처럼 보일 때도 마찬가지예요. 당신들 역시도 깊은 영적 뿌리를 갖는 축복을 받았다는 것을요.

멜리사, 당신이 하나님께 찬양할 때 우리의 영혼을 하나님의 보좌로 이끌어주었어요. 우리를 위해 광야에 길을 내주었고, 골짜기들을 메워주었고, 산들을 평평하게 깎아주었어요. 저는 노래를 잘 못하지만 당신을 위해 찬양하고 싶어요. 왜냐하면 하나님께서 지금처럼 우리의 기도에 응답하실 때 찬양하는 것 외에는 아무것도 할 수 없기 때문이에요. 우리 함께 찬양합시다!

예수 사랑하심은 거룩하신 말일세
우리들은 약하나 예수 권세 많도다
날 사랑하심, 날 사랑하심, 날 사랑하심 성경에 써 있네

새로운 시작

며칠 뒤, 데이비드와 멜리사가 우리 부부를 점심 식사에 초대했다. 어떤 문제에 관해 우리의 영적 조언을 듣고 싶다는 것이었다. 동네 음식점에서 이런저런 이야기를 나누며 식사를 마쳤을 때 그들은 마침내 본

론을 꺼냈다.

"입양을 할까 하는데 어떻게 생각하세요?"

내 심장이 기쁘고 경쾌하게 뛰었다. 그들의 의견에 찬성하기 때문이었다. 하지만 그들의 영적 지도자인 남편에게 먼저 기회를 주기 위해 입을 다물고 있었다. 남편은 한동안 생각하더니 입양에 고려해야 할 사항들을 주지시키고, 데려온 아이가 잃은 자식을 대체할 수 있는 것은 아니라는 사실을 상기시키면서 대화를 찬반 토론으로 이끌었다.

그들은 모든 사항들에 대해 꾸밈없이 솔직하게 의견을 개진했고, 다른 주에 살고 있는 어떤 임산부가 자신들의 이야기를 듣고는 자기 아기를 자신들에게 주기를 원하고 있다고 말했다. 그들이 입양에 대해 생각조차 하지 않고 있었는데 그 아기가 그들의 품으로 찾아든 것만 같았다. 그들은 충분히 기도하면서 숙고한 뒤에 아기를 입양하기로 기쁘게 동의했다.

그들은 그 아기가 남자아이라고 알고 있었다. 우리는 아기가 태어나기를 기다리는 몇 주 동안 기도에 전념했다. 그렇게 4월이 되었을 때(아기의 산달은 5월이었다) 멜리사가 우리 집 전화응답기에 메시지를 남겼다.

"목사님, 사모님! 아기가 딸이래요. 저희가 아들이 아니라 딸을 얻게 되었어요."

나는 그 음성을 들으면서 환한 미소를 지었다. 멜리사의 흥분과 기쁨이 그대로 느껴졌다.

그 후 어느 날, 친정어머니와 통화를 하면서 멜리사가 딸을 얻게 될 것 같다는 소식을 전했다. 그랬더니 어머니가 그동안 내가 까맣게 잊고 있던 사실을 상기시켜주었다. 태아의 방광이 지나치게 부풀어 있다는 소식을 처음 듣고 침대 옆에서 무릎을 꿇고 데이비드와 멜리사를 위해 기도했던 날 하나님께서 주셨던 환상이었다. 그때 하나님께서는 내게 에베소서의 말씀을 주셨고 딸을 안고 있는 그들의 모습을 보여주셨다. 그리고 그 순간, 하나님께서 우리를 실망시키신 게 아니라는 것을 깨닫게 되었다.

몇 주일 후, 멜리사의 딸이 태어났다. 그 아기의 생모는 데이비드와 멜리사에게 가장 큰 선물인 아기를 주었고 두 사람은 '레미 호프 라드케'(아기의 이름)의 부모가 되었다. 일 년 전에 내가 그들을 위해 기도했을 때 주셨던 에베소서의 말씀대로 내가 구하거나 생각하는 모든 것이 더 넘치도록 역사하셨다. 혼자 알고 지나가기에는 정말 아까운, 감격적이고도 감동적인 사실이다. 내 심장이 벌써 힘차게 박동하기 시작해 그 길로 멜리사를 찾아갔다.

"멜리사! 작년 아버지날에 데이비드와 함께 교인들 앞에서 어떻게 간증했는지 기억나죠? 교인들 전체가 작년 한 해 동안 당신 부부를 위해 기도했었잖아요. 내 생각인데 올해 아버지날까지 당신 아기를 교인들에게 보여주지 않으면 어떨까요? 금년 아버지날 예배를, 하나님의 약속을 그대로 믿으면 우리 기도에 꼭 응답해주신다는 것을 알 수 있다는 주제로 편성하고 싶어서 그래요. 목사님이 설교를 마치고 예배가 끝날 무렵, 작년에 당신이 교인들 앞에서 했던 간증 장면과 엘리사의 장례식 장면을 예배실 화면에 띄우는 거예요. 비디오로 녹화해놓았으니 문제 없어요. 그리고 바로 그 순간 당신이 빌 게이터(미국의 복음성가 가수)의 〈살아 계신 주〉를 찬양하면서 강단으로 걸어 나오고, 갓난아기를 품에 안는 기쁨이 어떤 것인지 노래하는 대목에 이르면 데이비드가 아기를 안고 강단으로 나오고, 그렇게 모든 교인들이 하나님의 영광을 찬양하는 거예요."

멜리사는 그해 아버지날까지 귀여운 아기를 교인들에게 보이지 말자는 내 제안을 별로 달가워하지 않았지만, 나는 그 계획대로 하자고 그녀에게 졸라대듯 부탁했다. 그리고 마침내 그해 아버지날, 모든 교인들이 하나님의 영광을 찬양했다.

큰딸의 가출

나는 멜리사의 이야기를 하는 것을 좋아한다. 하나님께서 그 사건을 들어, 하나님은 결코 '망하게 하는' 분이 아니라는 진리를 내게 가르치셨기 때문이다. 하나님께서는 우리에게 말씀(약속)을 주실 때 그 말씀(약속)을 반드시 이루어주실 작정으로 주신다. 멜리사가 시련을 겪는 내내 나는 하나님을 굳게 신뢰하고 믿으면서 흔들리지 않는 확신으로 함께 걸었다… 라고 말하고 싶지만 그건 거짓말이다.

사실 나는 '왜?' '어떻게?' '제발!'을 끊임없이 외치면서 힘들게 보냈다. 눈물을 쏟았고, 애타게 부르짖었고, 사람들의 믿음이 흔들리는 일이 일어나지 않도록 하나님을 위한 변명을 해야 한다는 중압감을 느끼면서 살았다. 그러나 결국에는 하나님께서 내게 증명해주셨다.

하나님께서는 자신의 이름을 영화롭게 할 수 있는 완벽한 능력을 갖고 계시다는 것을. 그리고 하나님께서 무슨 일을 하고 계신 것인지 알지 못해도 선한 일을 하고 계시다는 것을 확신하고 편히 쉴 수 있다는 것을….

몇 해 전, 나도 멜리사와 유사한 경험을 했다. 그 일 역시도 여자아이와 관계가 있다. 그때 나는 큰딸의 텅 빈 방에 엎드려 울고 있었다. 그러나 아무리 대성통곡을 해도 내 영혼의 고뇌를 다 풀어낼 수가 없었다. 남편은 눈물이 그렁그렁한 눈으로 내 옆에 엎드려 듣고만 있었다. 그렇게 눈물을 다 쏟아내고는 그 자리에 그대로 누워 생각했다.

'어떻게 하나님께서 우리에게 이런 무자비한 일을 하실 수 있는 것일까?'

나는 큰딸 미켈이 대학에 진학해 자아를 발견하고 자신의 인생을 향한 하나님의 뜻을 확신하면서 성장기를 잘 지날 수 있게 해달라고 정말 신실하고 뜨겁게 기도하며 살았었다. 당시 고등학교를 막 졸업한 딸은 7만 6천 달러(약 8천만 원)라는 거액의 장학금을 받고 대학진학을 앞두고 있었다. 내가 그 아이를 임신했다는 말을 들었던 순간부터 꿈꿔 왔던 결승선에 거의 이른 것 같았다. 그러나 내 꿈과 성취 사이에 마지막 장애물이 놓여 있었으니, 그것은 바로 딸과 남자친구의 관계였다. 그로 인해 딸과 늘 마찰이 생겼다. 그 아이가 졸업파티에 가던 날이었다.

"미켈, 네 남자친구하고 졸업파티에 가는 건 좋아. 그렇지만 데이트는 허락할 수 없으니까 끝나고 바로 오도록 해."

"왜 안 되는데요?"

"그 애는 예수님을 사랑하지 않기 때문이야."

"하지만 그는 예수님을 아주 많이 좋아해요."

두뇌 회전이 빠른 그 아이는 두 눈을 반짝이며 대꾸했다.

그러던 어느 날, '예수님을 아주 많이 좋아하는' 남자친구에 대한 딸의 연정과 자유의지가 결합되고 우리 부부의 많은 실수들이 더해져, 딸이 가출하는 비극적인 사건이 벌어지고 말았다. 사실 우리는 그 전날 밤에 두 아이를 밖에서 만나 둘의 관계를 건설적으로 증진시킬 수 있는 방법이 있다고 설득했지만 누구의 마음도 돌려놓지 못했다. 결국 사건은 벌어졌고, 나는 딸의 방에 엎드려 통곡하고 고뇌하면서 괴로워했다.

이후 몇 주 동안 남편과 나는 몇 해 전에 멜리사와 그녀의 아기를 위해 기도했던 안방 침대 옆에 무릎을 꿇고 정말 많은 시간을 눈물로 보냈다. 우리는 딸이 임신하는 사태만은 막아달라고 하나님께 간곡히 매달렸다. 어느 날, 산산이 부서진 마음과 불안하게 흔들리는 믿음을 다잡으려고 필사적으로 애쓰면서 바람을 쐬고 있을 때, 딸이 살고 있는 지역에서 목회를 하고 있는 남편의 친구 목회자가 남편에게 문자를 보냈다. 미켈이 오스틴이라는 청년과 동거를 하면서 임신했다는 소문이 돌고 있는데 사실이냐는 것이었다. 남편은 두 사람이 동거하는 것은 맞지만 임신한 것은 아니라고 말하면서 친구 목회자의 관심과 기도에 고마움을 표했다.

"사람들이 왜 그런 유언비어를 퍼트린담?"

나는 혼잣말로 중얼거렸다. 그런데 며칠이 지난 뒤, 그 소문이 사실로 드러났다. 딸이 가출하여 남자친구와 동거를 하다가 임신을 한 것이었다.

특별한 친구

우리는 엄청난 충격에 빠졌다. 사탄의 야유가 그렇게 통렬하게 느껴진 적은 일찍이 없었다. 며칠 동안 그 추악한 얼굴을 내게 들이밀며 깔깔거리면서 마음껏 조롱하는 것 같았다. 나는 기도할 마음조차 들지 않는다고 남편에게 말했다. 절대 일어나지 않게 해달라고 간청했던 바로 그 일을 사탄이 중간에서 가로채 일어나게 한 것 같은 느낌이 들었다. 사탄이 딸의 인생을 마음껏 유린하고 있는데도 하나님께서는 한가로이 뒷짐을 지고 방관하시는 것 같았다.

나는 2010년 여름 전까지는 정말 어린아이처럼 하나님을 신뢰했고, 특히 자녀들에 관해서는 더욱 그랬다. 지금 생각하면 어린아이 같은 순전한 신뢰가 아니라 유치하고 미성숙한 신뢰였던 것 같다. 하지만 나는 진정으로 기도하며 살았고, 인생에는 내 힘으로 통제할 수 없는 일들이 있지만 하나님께서 바로 그런 일들을 책임져주신다고 확실히 믿고 있었다.

열여덟 살밖에 되지 않은 딸의 임신을 막아주시는 게 바로 그런 일들의 하나였다. 우리는 그 아이에게 순결을 서약하는 반지도 사주었고, 성(性)이 얼마나 신성한 것인지 일러주었으며, 결혼할 때까지 기다려야 한다고 가르치고 또 가르쳤다. 뿐만 아니라 인생에서 가장 중요한 첫 번째 결단은 예수님을 영접하는 것이고, 두 번째 결단은 결혼할 배우자를 결정하는 거라고 어릴 때부터 귀에 못이 박히도록 말했다. 또한 주님을 사랑하고 여자와 그녀의 가족들을 진정으로 존중할 줄 아는 남자와 결혼하는 게 얼마나 중요한지 계속 말해주었다. 그리고 남편과 내가 부모로서 그만큼의 노력을 했으니 나머지는 하나님께서 당연히 보살펴주실 거라고 철석같이 믿었다.

딸의 임신 사실을 알게 된 뒤, 남편과 나는 처음 두 달가량을 말도 못할 비탄에 잠겼다. 그것은 내 귀한 기도의 응답, 혈과 육으로 구체화된 응답, 내 기적의 아이(그 아이는 내가 몇 해 동안 불임으로 고생한 끝에 가진 아기였으므로)에게 가졌던 모든 꿈의 죽음을 의미했다. 그로부터 불과 몇 개월 전에 내가 대장암 진단을 받았을 때도 그랬지만 딸의 임신 사실을 받아들이는 것은 그보다 몇 배나 더 힘들고 괴로웠다.

하지만 불행 중 다행으로 딸은 임신 기간 내내 건강했고, 우리와 다시 연락이 되어 밥도 먹고, 쇼핑도 다니고, 많은 이야기를 나누었다. 우리는 평소에 하기 힘들었던 대화들을 많이 나누었다. 한편으로는 모녀(母女) 관계를 다시 쌓아갔고, 다른 한편으로는 부서진 가슴을 부여잡고 남편과 함께 기도하고 부르짖으면서 교회를 이끌기 위해 최선을 다했다. 사람들은 그런 우리를 진정으로 선하게 대해주었다. 그들은 자신들의 아픈 경험담을 들려주면서 조만간 모든 것들이 달라질 거라고 우리를 위로했다. 내가 이 책에 쓰고 있는 내용들의 많은 부분이 당시에 깨닫고 배운 것들이다.

이듬해 마침내 아기가 태어났다. 우량아로 태어난 아기는 제 엄마보다 제 이모를 더 닮은 듯했다. 딸 아이는 임신 기간 중에 체중이 30킬로그램 이상 늘어 부득이하게 제왕절개 수술을 받았지만 다행히 건강했다. 그리고 아기 아빠가 된 사위는 딸이 산통을 겪는 동안 단 한순간도 곁을 떠나지 않고 지켜주었으며, 신생아실의 앙증맞은 바구니에 담겨 있는 제 딸의 모습을 유리창 너머로 보면서 연신 눈물을 흘렸다. 내 눈에 마뜩찮았던 청년의 그 모습은 정말 평생 잊지 못할 것 같다. 모든 아기의 탄생에는 정말 기적적이고 오묘한 게 있는 것 같다.

나는 아기를 처음 바라보는 순간부터 사랑에 빠졌다. 아기가 흥미로운 삶을 시작하던 첫 해, 나는 수없이 많은 젖병을 물려주고, 기저귀를 갈아주었다. 우리는 금세 특별한 친구가 되었다. 아기가 자동차의 유아용 보조좌석에 앉을 수 있을 만큼 컸을 때 딸이 우리 집에 데려오곤 했는데 그때마다 아기는 발가락을 쭉 펴고 얼굴에 환한 웃음을 짓고 팔을 뻗어 안기려하면서 온 몸으로 내게 인사를 건넸다.

나는 그 아이를 만들어 내면 안 된다고 필사적으로 하나님께 간청했던 바로 그 침대에서 아이와 몇 시간씩 뒹굴며 놀아주곤 했다. 그리고 아이가 내 품에 안겨 조막만 한 머리를 가슴에 기대고 새근새근 잠잘 때면, 그토록 경이로운 축복이 될 줄도 모르고 그런 기도를 드렸던 나 자신을 남몰래 나무라곤 했다.

현재 나는 간(肝)에 암이 재발하여 항암 화학치료를 재개했다. 내가 항암치료를 받던 첫 주, 큰딸과 외손녀가 나를 찾아왔다. 내 '최악의 날'(항암치료가 얼마나 고통스러운지 잘 알고 있을 것이다. 감사하게도 나는 항암 치료를 받을 때마다 딱 하루만 최악의 날을 겪곤 했다) 바로 다음날이었다. 심신이 무척이나 쇠약해져 있었고, 몰골도 분명 말이 아니었을 것이다. 그런데 손녀인 미스티가 내 무릎 위로 기어 올라오더니 싱긋 미소를 짓고는 내 어깨에 머리를 기댔다. 나는 침상 발치에 서 있는 큰딸을 보면서 말했다.

"애야, 우리 손녀가 가장 좋은 약이구나."

그리고는 솔직한 심정을 고백했다.

"만약에 엄마 옆에 너희들이나 네 아빠만 있었다면 나는 항암치료를 받으려고 하지 않았을 거야. 하지만 이 아이를 위해서라면 무엇이라도 할 거야. 좋은 할머니가 되어야 하니까… 이 아이의 할머니로 오랫동안 살고 싶구나."

손녀가 없었다면 항암치료를 받지 않았을 거라는 내 말에 큰딸은 정색을 하면서 타박을 주었지만 금세 웃음기 띤 얼굴로 말했다.

"그래요, 미스티를 위해서라도 꼭 이겨내야 해요."

우리는 함께 웃었다. 그간에 우리가 저지른 실수들과 엉망진창이 된 환경 속에서, 즉 '원상태로 돌리기만 하면 지난날들의 상처를 피할 수도 있었을 텐데…'라고 생각한 것들 속에서 깨달은 것이 있었기 때문이다. 하나님께서는 그 모든 것보다 더 크시다. 미스티가 우리에게 축복이 되리라는 것을 오직 하나님께서만 알고 계셨다. 그래서 제때에 그 아이를 우리에게 보내주신 것이었다.

이번 장에서는 내가 믿음의 가장 힘든 시기를 지나면서 하나님을 신뢰하는 법을 어떻게 배웠는지에 대해 꼭 알려주고 싶었다. 나는 당신 인생의 이야기가 어떤지 알지 못한다. 지금 이 순간 방바닥에 엎드려 감당하기 어려운 고뇌로 몸부림치고 있는지, 병원 주차장에 주차되어 있는 자동차 운전석에 앉아 남몰래 눈물을 훔치고 있는지, 욕조에 몸을 담그고 답답한 심정을 예수님께 다 쏟아내고 있는지 알지 못한다.

그러나 당신의 현재 상황이 어떠하며, 어떤 일들을 마주하고 있든 지, 하나님께서는 그 모든 것들보다 크시다는 사실을 꼭 알아두기 바란다. 그분은 모든 것들이 합력하여 선을 이루게끔 역사하신다. 그리고 만일 당신의 상황이 아직 선하지 않다면 그것은 하나님의 역사가 여전히 진행 중이기 때문이다.

널 향한
최고의 계획이 있단다

알곡인 쭉정이

언젠가 내 친구 케이트가 예수님의 '알곡과 가라지의 비유'(마 13:24-
30)에 관해 말한 적이 있다. 어떤 농부가 밭에 좋은 씨앗을 뿌렸다. 그
런데 그날 밤에 농부의 원수가 와서 가라지(잡초) 씨앗을 덧뿌리고 갔
다. 농작물이 자라기 시작했을 때 농부의 일꾼들이 가라지를 보고는
즉각 뽑아내도 되냐고 농부에게 물었다. 그러자 농부는 잡초를 뽑는
과정에서 알곡들까지 뽑아버리면 안 되니 그냥 내버려두라고 말했다.
그래서 그 밭에서는 곡식과 잡초가 추수 때까지 함께 자랐다.

그 친구는 자기 인생에 쭉정이처럼 보였던 것들의 예를 나열하면서
말했다.

"나는 하나님께서 쭉정이들을 뽑아주시기를 갈망했어. 그러나 하

나님께서는 내 인생의 밭에서 쭉정이들이 자라게 허락하셨지. 그리고 얼마 후, 그중 몇 개가 실은 알곡이었음을 알게 되었어."

그때 친구가 전해준 메시지를 결코 잊을 수 없다. 그녀는 좋은 것이 무엇인지 하나님께서 정의하시게 하라는 메시지를 우리에게 전하고 있었다. 우리의 이해력은 제한되어 있다. 때로 우리는 엉뚱한 것들에 애착을 갖는다. 우리가 하나님의 관점과는 전혀 다른 관점을 갖고 사는 게 확실하다. 우리에게 좋은 것과 좋지 않은 것이 무엇인지는 오직 하나님만 알고 계신다.

좋은 것과 좋지 않은 것에 대한 평가에서 심각한 착오를 일으킨 가장 대표적인 사례는 마태복음 16장의 베드로가 아닐까 생각된다. 우리가 잘 알고 있기도 하지만 또한 매우 당혹스러워하기도 하는 이 격론은 베드로가 예수님을 살아 계신 하나님의 아들로 고백한 대단한 사건 직후에 일어났다(마 16:13-20). 예수님은 베드로의 그 고백을 칭찬하셨고, 하나님께서 진리를 계시해주셨기 때문에 그가 이런 고백을 할 수 있었다고 다른 제자들에게 단언하셨다. 그런 다음 예수님은 천국의 열쇠를 베드로에게 맡길 것이고, 그가 교회를 세우는 데 중추적 역할을 하게 될 것이며, 지옥의 힘도 감히 그를 대적하지 못할 거라고 말씀하셨다.

나는 이 대목을 읽으면서 예수님이 베드로에게 영적 권세와 능력을 부어주시니까 어둠의 권세들이 베드로를 주목하고 공격의 목표로 삼은 게 아닐까 생각해보았다. 왜냐하면 그 순간 이후 베드로는 몇 가지 경악할 만한 시험을 당했고, 주님과 동행하는 길에서 몇 차례의 쓴 패배를 맛보았기 때문이다. 첫 번째 사건은 그 고백 직후에 발생했다.

예수님은 강력한 약속들(마 16:18,19)로 베드로를 축복하신 뒤, 장차 자신이 맞게 될 죽음과 부활에 관해 그와 다른 제자들에게 설명하셨다.

이때로부터 예수 그리스도께서 자기가 예루살렘에 올라가 장로들과 대제사장들과 서기관들에게 많은 고난을 받고 죽임을 당하고 제삼일에 살아나야 할 것을 제자들에게 비로소 나타내시니 마 16:21

베드로의 실수

베드로는 강력한 믿음을 고백한 결과로 예수님께 격찬을 받은 뒤, 예수님을 더욱 편하게 느꼈을 것이다. 그는 천성적인 지도자로 어떤 상황에서든지 자기 생각을 주장하는 것에 익숙했을 것이다. 또한 바다 위를 걸으시는 예수님을 보고 배에서 선뜻 바다로 뛰어내렸던 사건에서처럼 그는 매사에 충동적으로 행동했다(요 21:1-12).

따라서 예수님께 격찬을 받은 뒤 자신감으로 충만해진 그는 예수님이 앞으로 자신이 겪게 될 죽음과 부활을 예고하셨을 때, 그분을 '질책하는 것'을 자신의 책임으로 여겼다. 마태복음 16장 22절을 읽어보자.

"베드로가 예수님을 한쪽으로 데려가 질책하기 시작했다"(Peter took him aside and began to rebuke him, NIV).

이것이 진정한 기개와 용기였을까?

베드로가 예수를 붙들고 항변하여 이르되 주여 그리 마옵소서 이 일

이 결코 주께 미치지 아니하리이다 마 16:22

예수님을 꾸짖다니, 정말 뻔뻔스러운 배포이며 가당치 않은 용맹이다. 예수님은 베드로의 이전 행동을 준엄하게 질책하셨다.

예수께서 돌이키시며 베드로에게 이르시되 사탄아 내 뒤로 물러가라 너는 나를 넘어지게 하는 자로다 네가 하나님의 일을 생각하지 아니하고 도리어 사람의 일을 생각하는도다 하시고 마 16:23

마가 역시도 똑같이 기록한다(막 8:33). '좋은 것'에 관한 베드로의 정의로 보았을 때 예수님이 예루살렘에 올라가, 장로들과 대제사장들과 서기관들에게 많은 고난을 받고, 죽임을 당하여 제삼일에 살아나는 것은 절대로 일어나서는 안될 일이었다. 그의 관점에서 그런 것들은 결코 좋은 것들이 아니었다. 그는 자기가 보는 앞에서 예수님이 그런 좋지 않은 일을 당하게 방관할 수가 없었다.

그러나 우리는 당시 예수님이 행하시려고 했던 행동들이 세상의 기초가 놓일 때부터 예수님의 사명으로 결정된 선한 것이었음을 잘 알고 있다(엡 1:3-10). 우리가 그것을 알 수 있는 까닭은 예수님의 생애와 죽음과 부활과 승천 이후, 즉 예수님이 하나님 우편에 앉아 세상을 다스리시고 통치하고 계신 오늘 이 시대에 살고 있기 때문이다. 로마서 8장 28절은 예수님에게서 완성되었다.

그러나 베드로는 오늘의 우리와 같은 상황에 있지 않았다. 그는 로

마서 8장 28절의 반대편에 살고 있었다. 즉 예수님의 고난의 의미를 알지 못하던 시대, 사람들에게 조롱당하고, 수염을 뽑히고, 얼굴에 침 뱉음을 당하고, 이마를 가시에 찔리고, 채찍질 당하는 것의 의미를 전혀 알지 못하는 시대에 살고 있었다. 그런 상황에 있던 그에게 그 모든 것들이 어찌 좋은 것들이 될 수 있었겠는가! 당시의 십자가는 값비싼 황금과 다이아몬드로 꾸며진 여인네들의 장신구가 아니었다. 가장 악독한 죄수들을 위해 따로 준비된 로마제국의 가장 끔찍한 처형 수단이었다.

심각한 착오

얼마 전에 친구의 아들이 자살을 했다. 그 친구에게는 '하나님을 사랑하는 이들에게는 모든 일들이 합력하여 선을 이루게 된다'는 말씀이 어떤 의미로 다가올까? 또 다른 친구는 남편의 알코올중독으로 그토록 꿈꾸던 행복한 가정생활이 깨졌고, 남편과 아들이 전신에 전이된 암을 동시에 앓고 있는 탓에 힘든 시간을 보내고 있는 친구도 있다. 그런 모든 상황에 과연 좋은 것이 있을까?

마태복음 16장에서 주제넘게 예수님을 질책했던 베드로에게 주신 예수님의 대답은, 좋은 것에 관한 우리의 정의를 확장시키려면 어디로 가야 하는지를 일러준다. 예수님은 성경 말씀으로 우리에게 오묘한 진리를 계시해주신다. 하나님께서는 '좋은'이라는 단어에 새로운 의미를 끝없이 부여할 수 있는 능력을 갖고 계신다.

예수님이 다른 제자들 앞에서 베드로를 준엄하게 꾸짖으신 것은 일단 엄히 꾸짖고 나서 나중에 다독거려주기 위한 것도, 그에게 굴욕감을 주시려고 한 것도 아니었다. 예수님이 베드로를 무엇이라고 질책하셨는지 다시 읽어보자.

사탄아 내 뒤로 물러가라 너는 나를 넘어지게 하는 자로다 네가 하나님의 일을 생각하지 아니하고 도리어 사람의 일을 생각하는도다 마 16:23

예수님은 베드로가 하나님을 마음의 중심에 두지 않았기 때문에 좋은 것이 무엇인지를 정의하는 데 심각한 착오를 일으켰다고 지적하셨다. 베드로는 이 세상에 속한 것들을 자신의 사고와 느낌의 원천으로 삼았다. 그가 좋은 것이 무엇인지를 알지 못했던 까닭은 하나님의 일을 생각하지 않았기 때문이었다. 그는 제한되고, 죄에 오염되고, 방향설정이 잘못된, 악취를 풍기는 인간의 사고(思考) 안에 여전히 갇혀 있었다. 그가 가졌던 문제는 뱀이 하와에게 하나님이 선한 하나님이 아닐 수도 있다고 은근히 부추겼을 때, 하와가 가졌던 문제와 동일했다 (창 3:1-7). 베드로의 마음과 생각은 인간의 일과 이 세상의 일과 죄에 의해 왜곡되고 오염되고 결딴나고 망가진 것들에 맞추어져 있었다.

이처럼 우리가 이 세상의 일들을 마음과 생각의 중심에 두고 있을 때 사탄에게 속아 좋은 것들과 좋지 않은 것들을 제멋대로 생각하게 된다. 우리 생각에는 좋은 것들에 대한 우리 나름의 정의가 타당한 듯 보이지만, 결국에 그것들은 우리를 하나님의 사랑과 능력과 지혜와 선하심에 대해 의문을 제기하는 데로 데려간다.

하지만 하나님은 선하시다. 지금까지도 그러셨고, 앞으로도 영원히 그러실 것이다. 그러나 문제는 하나님께서 좋은 것이라고 여기시는 것들과 우리가 좋은 것이라고 여기는 것들이 매우 다를 수 있다는 점이다. 그렇다면 좋은 것이 무엇인지 하나님께서 정의하시게 할 때 과연 어떤 일들이 일어날까?

모든 생각을 사로잡아 복종시켜라

바울은 고린도교회의 신자들에게 보내는 두 번째 편지에서 하나님의 생각과 같은 생각을 갖기 위해 훈련하는 데 힘쓰라고 촉구하고 있다. 우리는 하나님의 음성을 듣길 열망하는 신자들로서 하나님께서 마음에 갖고 계신 생각들과 똑같은 생각들을 우리의 마음에 가득 채울 때 하나님의 음성을 훨씬 더 잘 들을 수 있다. 바울은 그러한 과업에 매진하되 마치 전쟁을 하는 것처럼 하라고 고린도교회의 신자들에게 촉구하고 있다.

우리가 육신으로 행하나 육신에 따라 싸우지 아니하노니 우리의 싸우는 무기는 육신에 속한 것이 아니요 오직 어떤 견고한 진도 무너뜨리는 하나님의 능력이라 모든 이론을 무너뜨리며 하나님 아는 것을 대적하여 높아진 것을 다 무너뜨리고 모든 생각을 사로잡아 그리스도에게 복종하게 하니 고후 10:3-5

때로 우리는 믿음의 길에서 겁쟁이들처럼 나약한 태도를 보인다. 우리는 그리스도인으로서 우리의 삶이 그저 평탄하기를 기대한다. 그래서 환경이 어려워지면 미친 듯이 광분하거나, 우리 믿음이 어디에서 잘못되었는지 곰곰이 생각하거나 심한 경우에는 하나님께서 우리를 실망시키셨다고 단정한다.

　　이 구절에서 바울은 우리가 이 세상에 살고 있는 한 전쟁을 수행해야 한다고 말한다. 이 세상은 영적 전쟁터이다. 좋게 꾸며지지도 나쁘게 왜곡되지도 않은 그대로이다. 그러나 좋은 소식은 우리가 초강력 무기를 갖고 있다는 사실이다. 우리의 무기는 하나님께서 주신 것으로 견고한 요새들을 파괴할 수 있다.

　　그러면 견고한 요새는 무엇일까? 우리가 믿는 것들 중에 하나님의 생각과 일치하지 않는 것들이다. 결국에는 불에 살라지고 말 사탄의 속임수와 거짓말이다. 우리의 눈을 가려 하나님께 속한 것들을 보지 못하게 막는 것들과 이 세상에 속한 것들이다. 어둠의 임금이 우리를 자신의 제한된 능력과 사악한 궤계(詭計)의 노예로 삼기 위해서 촘촘히 짜놓은 거미줄이다. 견고한 요새는 튼튼하지만 우리가 무너트릴 수 없을 정도는 아니다.

　　우리는 하나님께 받은 무기로 그 요새를 무너트릴 수 있다. 그러면 모든 이론들을 타파하는 능력과 하나님을 아는 지식에 대항해 스스로 높아진 모든 거짓 주장들을 무너트리는 능력을 지니고 있는 그 무기는 무엇일까? '기도'와 '하나님의 말씀'이다.

　　예수님은 우리가 치러야 할 죄의 대가를 십자가에서 대신 치르셨고,

그럼으로써 우리를 죄의 권세로부터 해방시켜주셨다. 우리가 예수님께 죄의 용서를 구하고, 예수님의 십자가 죽음을 우리의 죄에 대한 대가의 지불로 받아들이며, 하나님께서 예수님을 죽은 자들로부터 일으키시어 죄와 죽음을 압도하는 하나님의 능력을 입증하셨음을 믿기로 결단했을 때 우리는 하나님이 보시기에 예수님처럼 의롭게 되었다. 그러므로 하나님께서는 강력하고도 비할 데 없는 은혜의 보좌로 기도를 통해 가까이 오라고 우리에게 촉구하시고, 우리는 그곳에서 영광의 주님을 뵈올 뿐 아니라 승리의 삶을 살아가는 데 필요한 모든 것들을 발견한다(히 10:19-23).

　기도는 견고한 요새와 모든 이론과 하나님을 아는 지식에 대항해 스스로 높아진 거짓 주장들을 무너트리는 강력한 능력을 지닌 무기이다. 우리가 갖고 있는 또 다른 무기는 성경 말씀이다.

　하나님의 말씀은 살아 있고 활력이 있어 좌우에 날선 어떤 검보다도
　예리하여 혼과 영과 및 관절과 골수를 찔러 쪼개기까지 하며 또 마음
　의 생각과 뜻을 판단하나니 히 4:12

　나쁘게 보이는 일들이 당신의 삶에서 지속적으로 발생하여 좋은 것이라고 정의했던 것들을 위협할 때 성경 말씀으로 최종적인 결론을 내려라. 하나님께서는 언제나 성경 말씀으로 진리만을 말씀하신다. 그분은 당신을 집어삼킬 기회를 엿보면서 당신의 주변을 은밀하게 얼씬거리는 사탄(벧전 5:8)과 매우 달라서 아무것도 숨기지 않고 솔직하게

당신을 마주하신다. 당신을 사랑하시고, 당신에게 자신을 알리기를 원하시며, 당신을 통해 그리고 당신 안에서 자신의 사랑과 능력을 나타낼 준비를 하고 대기하고 계신다.

당신이 하나님의 말씀에 순종하며 살기로 결단할 때 말씀을 굳게 믿고 의지하는 것을 배우게 된다. 말로만 믿는 사람들의 삶에서는 말씀의 능력이 나오지 않는다. 만약 그리스도께 순종하면서 걷는 것을 진지하게 받아들이지 않는 사람들이 어떤 능력을 갖고 있다고 생각한다면 그보다 더 심한 착각은 세상에 또 없을 것이다.

그러나 기도와 성경 말씀을 갖고 있는 당신의 경우라면 이야기가 달라진다. 당신이 하나님의 음성을 듣고 따르기를 열망하는 신자로서 견고한 요새와 모든 이론과 하나님을 아는 지식에 대항하여 스스로 높아진 모든 거짓 주장들을 무너뜨리는 능력을 소유하고 있기 때문이다. 또한 모든 생각들을 포로로 사로잡아 그리스도의 권세 앞에 무릎을 꿇릴 수 있는 능력도 지니게 된다.

음성을 듣는 데 필요한 조건

예수님은 베드로를 엄히 책망하신 뒤에 무리들과 제자들을 불러서 말씀하셨다(막 8:34).

누구든지 나를 따라오려거든 자기를 부인하고 자기 십자가를 지고 나를 따를 것이니라 누구든지 제 목숨을 구원하고자 하면 잃을 것이요 누구든지 나를 위하여 제 목숨을 잃으면 찾으리라 사람이 만일 온 천하를 얻고도 제 목숨을 잃으면 무엇이 유익하리요 사람이 무엇을 주고 제 목숨과 바꾸겠느냐 마 16:24-26

하나님의 말씀은 언제나 진리이다. 하나님께서는 거짓말을 하지 않으시며, 언제나 솔직하시며, 투명하시며, 알아듣기 힘든 말로 우물거리지 않으신다. 예수님은 가르치기 좋은 기회를 활용하여, 그분의 음성을 듣고 이해하고 따르는 데 필요한 조건들을 소상히 설명해주셨다. 바로 당신의 마음과 생각을 하나님께 속한 것들에 집중시켜야 한다는 것이다. 그렇게 하려면 당신 자신을 부인하고 당신의 십자가를 지고 예수님을 따라야 한다.

이는 당신과 내 삶 자체를, 우리가 알고 있는 유일한 삶인 이 땅에서 살아가는 삶 자체를 앞으로 임할 삶과 비교하여 아무것도 아닌 것으로 여겨야 한다는 말이다. 인간의 몸에 기거하는 영혼이 육신보다 훨씬 더 귀하다(영혼이 육신보다 훨씬 더 오래 지속되므로).

내 아들이 어렸을 때, 나중에 자기가 죽게 되면 뼈는 이 땅에 남아있겠지만 영혼은 천국에 올라가 하나님과 함께 살게 될 거라고 말한 적이 있다. 절대적으로 옳은 말이다. 우리에게 정말 중요한 것은 영원히 지속되는 것이다. 그리고 이 땅에 있는 것들 가운데 영원히 지속되는 유일한 것은 인간의 영혼뿐이다.

우리의 애착과 열정과 꿈과 목표와 소망과 포부를 지금 여기 이 땅의 삶에 둘 때, 그것들은 하나님의 영광에 미치지 못하게 된다. 우리 자신을 기꺼이 부인하지 않으면(육신의 삶에서 자연적으로 얻은 모든 것들 역시 부인하지 않으면), 우리의 십자가를 기꺼이 지지 않으면('좋은 것'이라고 할 수 없는 것들 역시 지지 않으면), 그리스도를 기꺼이 따르지 않으면(그분을 사랑과 은혜가 풍성한 분이라고 여기지 않으면) 결국 그분을 놓칠 수밖에 없을 것이다. 그리고 좋은 것과 좋지 않은 것이 무엇인지 하나님께서 정의하시게끔 할 때 우리는 각자의 십자가를 지고 예수님을 따르는 법을 배우게 될 것이다.

평화롭게 쉴 수 있는 까닭

암은 끔찍하게 나쁜 것이다. 검진과 의사와의 면담, 수술과 항암치료는 절대 좋은 게 아니다. 암은 하나님께서 정하신 어떤 것이 아니다. 그것은 죄에서 나온 소름끼치는 부산물이다. 그러나 나의 암은 재발하고 말았고, 나는 죽음을 마주하고 있었다. 물론 나도 언젠가는 죽으리라는 것을 잘 알고 있었다. 그러나 나의 암이 간에 재발했다는 진단을 받자, 그날이 생각보다 빨리 올지도 모른다는 매우 현실적인 가능성과 마주해야 했다. 사실 전에는 내가 죽음이라는 것을 얼마나 싫어하는지 잘 몰랐다.

그러나 암 재발 판정을 받았을 때, 내가 그것을 얼마나 싫어하는지 알고 정말 깜짝 놀랐다. 나는 바울처럼 그리스도께서 내 삶의 전부이니 죽는 것도 유익하다고 기쁘게 선언할 수 있기를 바랐다(빌 1:21). 그러나 내 삶에는 외손녀를 품에 안고, 아직 결혼하지 않은 작은 딸과 아들이 결혼하는 것을 보고, 더 많은 손주들을 보고, 더 많은 책을 쓰고, 남편을 더 오래 사랑하고, 교인들을 사랑하고, 여성 수련회에서 강연을 하고, 아름다운 노스캐롤라이나 산악의 나만의 비밀 장소인 '웃음의 장소'에서 시간을 보내고, 오래전부터 남편과 계획해왔던 유럽 여행을 떠나는 것들도 포함되어 있었다. 여기 이 땅에서 사는 것이 죽음보다 훨씬 더 좋아 보인다.

하나님께서도 이런 내 심정을 이해해주시리라. 인간으로 사는 게 어떤 것인지 알고 계시리라. 예수님조차도 고난과 죽음의 잔을 다른 것으로 바꾸어달라고 간청하셨고, 십자가를 앞에 두고 고뇌하실 적에 핏방울 같이 떨어지는 땀을 흘리지 않으셨던가. 그러나 내 말을 오해하지는 말라. 나는 죽음의 저편에 있는 본향, 영원히 나의 집이 될 그곳을 주신 하나님께 감사드리고 있으며, 언젠가 당신과 내가 그곳에 이르면 이 땅에서 당신과 내가 죽음을 놓고 벌였던 온갖 소동들을 떠올리면서 환담을 나누기를 고대하고 있다. 하지만 지금이 아니라 구약의 욥처럼 늙어 나이가 차서 그 여정을 떠나고 싶은 게 솔직한 심정이다(욥 42:16).

암 재발은 좋은 것이 아니지만 나는 하나님이 선하신 분이라는 것을 분명히 알고 있었다. 선하신 하나님께서 내 삶을 궁극적으로 주관하고 계시므로 내 육신에 스며든 암세포들도 그분이 허락하신 것들임을. 그래서 나는 하나님께서 나를 향한 강렬한 열정을 가장 완벽하게 예시해주신 바로 그곳 십자가 아래에 내 모든 두려움과 걱정을 내려놓았다. 그리고 죽게 될지 살게 될지 도저히 가늠할 수 없던 그 기간 동안 하나님께서 내게 말씀해주셨다.

'네 암에는 목적이 있어. 내가 널 통해 역사하리라는 것을 네가 알았다면, 너는 분명 그 병을 앓는 것에 기쁘게 동의했을 거야.'

나는 지금 하나님 은혜의 보좌 앞에 엎드려 간절한 마음으로 부르짖고 있다. 하나님께서 몇 가지 일들을 해주시기를 기다리고 있기 때문이다. 그리고 하나님께서 그런 사항들에 대해 몇 가지의 방법들로 역사하심으로 인해 이미 놀라고 있다. 만일 하나님께서 암으로 인한 고통을 사용하셔서 어떤 선한 역사를 이루시고자 한다면 나는 하나님의 지혜와 능력과 사랑에 굴복하기를 주저하지 않을 것이며, 그분이 시작하신 일들을 정확히 이루시게끔 모든 것들을 맡길 것이다.

또한 하나님께서는 내가 암 재발 진단을 받고 힘들어하던 그때 오래전에 단기 선교사역지에서 가졌던 묵상 시간을 상기시켜주셨다. 당시 나는 황량한 사막의 석양을 바라보면서 하나님께 한 가지 약속을 했다. 내 삶을 하나님을 섬기는 데 바치기를 원한다고 말씀드렸다.

그때 나는 하나님을 신뢰했고, 그분이 내 인생을 위한 최선의 계획을 갖고 계시다고 믿었고, 계획들 안에서 걷기를 소망했다. 장래의 남편과 자녀들에 관한 소망과 의미심장한 내 미래의 삶에 관한 소망을 정직하게 말씀드렸으며, 모든 것들을 그분께 맡겼다. 몇 개월 전 하나님께서 그 약속을 기억나게해주셨다. 그때 하나님께서는 부드러운 음성으로 말씀하셨다.

'나는 네게 암과 다시 싸워도 괜찮겠냐고 물을 필요가 없었어. 네가 괜찮아 하리라는 것을 알고 있었기 때문이지. 아주 오래전에 네가 말했지? 네 삶을 내게 맡기겠다고!'

항암 화학치료는 정말 싫다. 그러나 하나님께서 내 질병을 통해 무엇인가 선한 역사를 하신다는 사실을 의식하면 싫음도 힘듦도 사라진다. 나는 그 선한 역사가 무엇인지 아직 잘 모른다. 그러나 하나님께서 역사하시며 응답하시며 내게 하신 약속을 지켜주신다는 것을 확실히 알기 때문에 평화로운 마음으로 쉴 것이다.

어쩌면 당신은 항암치료보다 더 나쁜 상황을 겪고 있거나 그보다는 비교적 나은 상황을 겪고 있는지도 모른다. 나는 당신이 어떤 문제로 힘들어하는지 알지 못한다. 그러나 나는 하나님을 알고 있다. 그분이 선하신 분이라는 것도 잘 알고 있다. 또한 당신이 지금 어떤 어려운 일을 겪고 있든지, 그것이 당신에게 유익이 되게끔 선하신 하나님께서 역사하시리라는 것도 잘 알고 있다. 그러니 좋은 것이 무엇인지 선하신 하나님께서 정의하시게 하라!

A Woman's Guide to Hearing God's Voice

세상에서 가장 따뜻한
하나님 음성

PART

4

조금만 더
견뎌주렴

하나님의 음성을 듣고자 하는 우리의 노력 거의 대부분은 우리가 안전한지, 우리의 고통이 언제까지 지속될지, 우리의 삶이 분명한 목적과 의미를 지니고 있는지를 알고자 하는 욕구를 중심으로 전개된다. 우리는 우리의 인생을 위한 하나님의 계획이 성취되기를 갈망한다. 그래서 믿음의 길에서 어려운 일들을 만날 때 과연 하나님께서 우리를 위해 어떻게 처리해주실지 알기 위해 필사적으로 부르짖는다. 이 세상에 속한 것들에 집중하는 마음과 하나님의 생각을 공유하는 마음의 차이를 깨달을 때 의미 있는 삶을 향해 달려가게 된다.

하나님께서는 우리가 그분을 필요하게끔, 우리 안에 하나님을 섬기기를 원하는 강력한 욕구를 창조하셨다. 많은 사람들은 이 사실들을 모른 채 살아가고 있다. 그러나 당신은 그렇지 않다. 당신이 지금 이 책을 읽고 있는 게 하나님을 더 잘 알길 원하기 때문이다. 당신은 하나님과 지속적으로 소통하면서 믿음의 길을 걷길 원하고, 하나님께서 당신을 어머니 배 속에 만드셨을 때부터 염두에 두고 계셨던 '선한 일'(엡 2:8-10)을 이루어주시기를 바란다. 그렇다면 하나님의 음성을 듣기 위한 방법을 계속 탐색하는 이 시점에 하나님께서 우리에게 전달하라고 이사야 선지자에게 주신 약속에 주목하기 바란다.

> 너희는 이전 일을 기억하지 말며 옛날 일을 생각하지 말라 보라 내가 새 일을 행하리니 이제 나타낼 것이라 너희가 그것을 알지 못하겠느냐 반드시 내가 광야에 길을 사막에 강을 내리니 사 43:18,19

하나님께서는 지금 당신이 그분의 음성을 들을 수 있도록, 그분과 동행할 수 있도록, 당신의 삶 안에서 새로운 일들을 행하시는 그분을 체험할 수 있도록 길을 내주신다. 당신을 하나님께로 더 가까이 끌어당겨 당신의 삶 한가운데서 새로운 일들을 성취하시기 위해서 오늘 당신의 삶에 어려운 환경을 허락하신다. 현실의 가혹한 시련에만 집중한 나머지 그 사실을 의식하지 못하는 일이 일어나지 않게 주의하라. 현재 당신 삶의 환경이 비옥한 들판보다 황폐한 광야에 더 가깝게 보인다면 이번 장은 당신을 위한 것이다.

광야의 삶

오래전 네바다 외곽의 사막지대에서 단기선교를 하고 있을 때 하나님께서는 나를 전임사역자로 부르셨다. 네바다로 향하기 위해 집을 떠나던 그날, 나는 생전 처음 비행기를 타보았다. 기내 흡연이 허용되던 그 시절에 내 자리는 비행기 뒤편의 창가였지만 높은 창공에서 세상을 바라보는 경이로움에 압도되어 담배연기 따위에 신경 쓸 여유가 없었다. 그날 이후로 비행기를 타는 것을 좋아하게 되었다. 이 세상을 또다른 관점으로 바라볼 수 있다는 것을 상기시켜주기 때문이다.

그해 여름 맡았던 임무는 적어도 당시까지 내가 경험했던 모든 임무들 가운데 가장 힘들었다. 사실 나는 하와이나 할리우드나 캘리포니아나 뉴욕 등에 배정되기를 바라는 마음으로 지원서를 제출했다. 그러나 결국 네바다의 미나 시에 배정되어 1인용 트레일러에 살고 있는 사역자 부부와 함께 생활하게 되었다.

당시 사막에서 지냈을 때가 가장 기억에 남는다. 이전까지 나는 나무가 없는 곳에 가본 적이 없었다. 그러나 네바다 외곽 지대에서는 드문드문 나무들이 흩어져 자라고 있는 험한 산지와 이따금씩 나타나는 야생마 무리들과 도로 여기저기를 뛰어다니는 산토끼들만이 시야에 들어올 뿐 녹색의 무성한 나무 같은 것은 전혀 볼 수가 없었다.

내게 배정된 사역 장소를 향해 차를 몰고 가는 동안 그 길을 이끌어준 유일한 이정표는 악명 높은 '제51지역'이라는 푯말이었다. 그곳은 정말로 황폐한 땅이었다. 배정된 사역 장소를 처음 알았을 때 햇빛으로 가득한 여름을 기대했다.

'한 달 이상을 사막에서 살아가면 바비인형(미국 마텔사에서 만든 여자 인형)처럼 검게 그을린 피부를 갖게 되겠지!'

그러나 불행하게도 그해 여름에는 네바다 외곽지대에 가장 비가 많이 내렸다. 하지만 내게는 그것도 모험이었다. 생전 가보지 못했던 곳에 처음 가고 있는 게 아닌가! 나는 넓게 펼쳐진 하늘과 탁 트인 대지와 금세 사랑에 빠지게 되었다.

나는 우리 삶의 영적인 사실들을 나타내기 위해 성경에서 사용되는 묘사 방법이 참 좋다. 당시에 이스라엘 자손들이 직면했고, 이사야 선지자가 지칭했던 영적 광야는 이사야서 43장 1-8절에 묘사되어 있다. 거기서 이사야 선지자는 작열하는 불과 범람하는 강(2절), 땅의 네 모퉁이에 흩어진 자녀들(5절과 6절), 보지 못하는 눈과 듣지 못하는 귀(8절) 같은 표현들을 사용했다.

그런 광야에서 살아본 적이 있는가? 분노와 분개와 노여움으로 당신의 마음이 타올랐던 때가 있었는가? 오래전 친구의 남편이 다른 여자와 달아났다. 친구는 남편이 지난날의 잘못을 깨닫고 다시 돌아오게 해달라고 몇 년 동안 기도했지만 그는 여전히 그 여자 곁을 떠나지 않았고, 설상가상으로 친구의 자녀들은 그 여자와 친밀한 관계를 발전시켜나갔다. 그래서 현재 내 친구는 그런 사실을 어떻게 받아들여야 할지 몰라 하루하루 힘겨운 삶을 살아가고 있다. 그런 것이 '작열하는 불'이다. 아침에 눈을 떴을 때 범람하는 강을 건너야 하는 느낌에 짓눌린 적이 있었는가? 강에서는 악취가 나고 그것이 지나간 길에는 썩어 문드러진 부패물이 남는다.

나는 암을 앓기 전까지는 몸져눕는 것이 무엇인지 전혀 알지 못했다. 나는 항암 화학치료를 받는 주간이 되면 내 몸 안에 약물을 주입하는 장치의 펌프 소리를 들으면서 사흘 가량 병실을 돌아다닌다. 나는 그 약물이 암세포는 물론 건강한 세포도 함께 죽인다는 것과 펌프 소리가 멈춰질 때가 되면 여지없이 기가 꺾이고 나자빠지고 메스꺼움으로 비실비실거리게 된다는 것을 잘 알고 있다. 일주일의 치료 기간 중에 나흘째가 되면 나는 범람하는 강을 건너는 느낌이 든다. 아마 당신도 그렇게 느낀 적이 있을 것이다.

자녀들이 지구의 네 모퉁이에 뿔뿔이 흩어지게 되었다면 부모로서 당신의 마음은 어떨까? 그런 부모의 느낌이 어떤 것인지 알고 있는가? 나는 알고 있다. 나는 지난 몇 해 동안 겪은 일들을 통해 결코 바라지 않았던 상황 속에서 내 자녀가 살아갈 때, 그 아이가 지구 반대편에서 선교사로 사역하는 것보다 훨씬 더 가혹한 고통을 안겨준다는 것을 알게 되었다. 어떤 자녀가 부모의 간절한 소망에서 벗어날 때 부모는 가장 황량한 사막을 지나가는 것처럼 느껴진다.

보지 못하는 눈과 듣지 못하는 귀, 캄캄한 어둠 속에서 침묵 이외에는 아무것도 들리지 않을 때 당신을 엄습하는 절대적인 좌절은 누구도 알지 못할 것이다. 혹은 당신이 사랑하는 누군가가 보지 못하는 눈과 듣지 못하는 귀를 가지고 있을 때 당신의 답답한 심정을 누가 알겠는가. 그들이 장애물과 정면으로 충돌하여 주저앉을 때, 시퍼렇게 멍들 때, 충분히 피할 수 있음에도 장애물에 부딪칠 때 당신이 느끼는 고뇌와 아픔을 누가 헤아릴 수 있을까!

광야가 존재하는 세 가지 이유

우리의 삶에 광야가 존재하는 데는 세 가지 이유가 있다. 첫 번째는 우리가 죄에 오염된 세상에 살고 있기 때문이다. 때로 사람들은 내게 말한다.

"이처럼 가혹한 고통을 허락하는 하나님을 믿으라고요? 아뇨, 믿지 못하겠어요."

그러면 나는 그들에게 말한다.

"이 세상은 하나님께서 만드신 것이지만 죄로 인해 사랑의 창조주께서 '매우 좋다'고 말씀하셨을 때 마음에 두고 계셨던 모습과는 다른 침침한 그늘이 되고 말았어요. 하나님께서는 이 세상의 고통에 대해 당신만큼이나 놀라고 계십니다. 그래서 뒷짐을 지고 방관하실 수가 없었고, 그분이 창조한 인간들이 영원히 고통당하는 것을 지켜보고 계실 수가 없었어요. 그래서 외아들을 보내 우리 대신 죽게 하셨답니다."

당신이 하나님과 동행하는 길에서 때로 광야를 지나게 되는 까닭은 죄에 오염된 세상에 살고 있기 때문이다.

두 번째는 다른 사람들의 실수로 인한 영향을 받고 있기 때문이다. 우리 인간은 서로 사랑하려는 경향을 지니고 있다. 독립적인 피조물이 아니라 상호의존적인 피조물이기도 하고, 또한 하나님께서 하나님의 형상대로 인간을 창조하셨기 때문이다. 사랑은 기쁨이나 행복이나 번영뿐 아니라 실제적인 아픔이나 상처나 고통을 낳기도 하는 강렬한 감정이다. 우리가 오늘 광야에서 살고 있는 게 당신이 무척 사랑하는 누군가가 잘못된 결정을 함으로써 당신의 삶에 그런 광야를 만들었기 때문일 수도 있다.

세 번째는 잘못된 결정을 하기 때문이다. 때로 우리는 다른 누구의 잘못이 아니라 바로 우리 자신의 잘못으로 인해 인생의 광야를 체험한다. 하나님의 택함을 받은 백성인 이스라엘 자손들이 종종 그랬다. 이사야서 43장에 기록된 그들의 광야 체험도 바로 그런 연유에서 기인한 것이다. 광야는 결코 쾌적한 곳이 아니다. 다양한 형태와 크기의 광야들이 우리 인생을 방문한다. 그러나 우리 인생의 모든 광야들이 공통적으로 갖고 있는 특징은 바로 황폐해진 느낌을 듬뿍 안겨주고, 하나님의 음성을 갈망하게 한다는 점이다.

계획된 광야

사막의 선인장은 사랑하는 사람들끼리 주고받을 만한 식물이 아니다. 가시도 많고 그다지 아름답지도 않다. 나는 네바다 사막에서 보낸 그해 여름, 선인장에 대해 한 가지를 알게 되었다. 그것이 가시를 내는 이유가 가혹한 환경으로부터 자신을 보호하기 위해서라는 것이다. 그리고 황량한 광야에서 조심하지 않으면 내가 선인장이 될 수 있다는 것을 배웠다. 왜냐하면 인생의 광야를 지나고 있는 사람은 자기가 갖고 있는 온전한 것들을 더 이상 잃지 않기 위해 날카로운 가시를 낼 수 있고, 그것으로 다른 사람들을 찌를 수 있기 때문이다. 인생의 광야를 지날 때 날카로운 선인장이 되지 않도록 유의하라.

당신의 삶을 정직하게 주시해보라. 현재 삶의 어떤 환경으로 인해 하나님의 풍성한 축복을 체험하지 못하고 있는지 곰곰이 생각해보라. 지금 무엇이 당신의 삶을 고단하게 만들며 하나님의 음성을 듣지 못하게 훼방하고 있는가? 당신 인생의 광야가 무엇인지 생각해보았는가? 그렇다면 이렇게 외쳐보라.

"하나님께서 내 광야에 반드시 길을 내주실 거야!"

하나님께서 당신을 향한 완벽한 사랑으로 결정하시고 허락하셨기 때문에 당신이 지금 광야를 지나고 있는 거라고 말한다면 당신은 무엇이라고 대답하겠는가? 만일 당신이 그렇게 말한다면 나는 아마 이렇게 대답할 것이다.

"농담하세요? 다른 광야라면 몰라도 지금 내가 지나고 있는 이 광야는 아니에요. 이 광야는 나쁘고 해로운 것들 일색이에요. 이건 나를 파괴하기 위해서 계획된 거예요. 사랑과 자비가 풍성하신 하나님께서 허락하신 것이라고요? 천만에요. 그런 일은 있을 수가 없어요."

그렇다면 하나님께서는 어떻게 말씀하실까?

✿ 당신의 믿음을 시험하고 인내를 키워주기 위해 하나님께서 계획하셨다.

내 형제들아 너희가 여러 가지 시험을 당하거든 온전히 기쁘게 여기라 이는 너희 믿음의 시련이 인내를 만들어 내는 줄 너희가 앎이라 인내를 온전히 이루라 이는 너희로 온전하고 구비하여 조금도 부족함이 없게 하려 함이라 약 1:2-4

야고보는 인생의 광야를 '온전히 기쁘게' 여기라고 말하고 있다. 나는 기쁨을 맛본 적이 있다. 그것은 종종 예쁜 종이와 나비 모양의 리본에 포장되어 온다. 향긋한 코코아 한 잔과 달달한 과자와 함께 성탄절 아침 일찍 나를 찾아온다. 기쁨은 기대감과 흥분을 가져다준다. 내가 기쁨을 맛볼 때 거기에는 언제나 사랑하는 사람들이 있고 웃음이 넘친다.

그러나 야고보는 내가 '여러 가지 시험을' 당할 때마다 하나님의 자녀로서 온전한 기쁨을 체험할 줄 알아야 한다고 말한다.

'끔찍한 일들만 일어나는데 어떻게 기뻐할 수 있을까? 그것도 그냥 기뻐하는 게 아니라 온전히 기뻐할 수 있을까?'

내가 위에서 말한 '기쁨'과 야고보가 말하는 '온전한 기쁨' 사이에는 매우 다른 무엇인가가 있다. 온전한 기쁨은 여러 가지 시험에 포장되어 하늘로부터 직접 온다. 그리고 그것은 내게 매우 유익하다. 왜냐하면 내 믿음을 시험하고 인내를 키워주기 때문이다.

성탄절 아침에 맛보는 것과 같은 기쁨들은 덧없다. 때로 그런 기쁨은 오후도 되지 않아 사라진다. 한번은 우리 가족 중 누군가가 다른 사람에게 큰 잘못을 저지른 탓에 우리 모두가 발끈하면서 성탄절 하루를 완전히 망친 적이 있었다. 그러나 야고보가 기술하는 그런 기쁨은 덧없는 기쁨이 아니다. 그것은 자신의 역할을 완수하기 때문에 온전한 기쁨이라고 말할 수 있는 것이다.

당신 인생에 광야를 주신 하나님을 찬양할 수 있는가? 하나님께서 당신에게 온전한 기쁨을 주시기 위해 광야를 계획하신 것임을 깨닫고 감사의 찬양을 올릴 수 있는가?

🍁 당신을 징계하기 위해 하나님께서 계획하셨다.

> 너희가 참음은 징계를 받기 위함이라 하나님이 아들과 같이 너희를
> 대우하시나니 어찌 아버지가 징계하지 않는 아들이 있으리요 징계는
> 다 받는 것이거늘 너희에게 없으면 사생자요 친아들이 아니니라 또
> 우리 육신의 아버지가 우리를 징계하여도 공경하였거든 하물며 모든
> 영의 아버지께 더욱 복종하며 살려 하지 않겠느냐 그들은 잠시 자기
> 의 뜻대로 우리를 징계하였거니와 오직 하나님은 우리의 유익을 위하
> 여 그의 거룩하심에 참여하게 하시느니라 무릇 징계가 당시에는 즐거
> 워 보이지 않고 슬퍼 보이나 후에 그로 말미암아 연단받은 자들은 의
> 와 평강의 열매를 맺느니라 히 12:7-11

이 구절들은 내 마음에 쏙 드는 부분들이 그리 많지 않지만 한 가지
는 마음에 든다. 적어도 히브리서 기자가 '신자들은 역경을 참아야 한
다'라고 이해하고 있었다는 점이다. 내 입장에서는 고통스러운 환경을
온전히 기뻐하라는 야고보의 말보다는 참아내라는 히브리서 기자의
권고가 훨씬 더 받아들이기가 수월하다.

히브리서 기자가 "하나님께서 너를 자녀로 대우하시니 네 인생의
역경을 하나님의 사랑의 징계로 여기고 참아라"라고 권고하고 있기
때문이다. 나는 지금까지 '자녀 사역'을 하면서 인생의 많은 시간을

보냈다. 아이들을 대상으로 여름 수련회를 인도했고, 많은 교회에서 학생 사역을 지도했고, 그 밖의 많은 학생들에게 그리스도인으로 사는 법을 가르쳤다. 그러나 많은 아이들 중에서 내가 징계할 수 있는 아이들은 딱 세 명, 우리 집 아이들뿐이었다. 그 아이들은 내 책임이었다. 나는 그들의 태도를 형성시켜주어야 했고, 사고과정에 영향을 끼쳐야 했으며, 그들의 다양한 결정과 선택에 관여해야 했다.

대부분의 경우 그 아이들은 내 징계를 행복해하지 않았고 심지어 "엄마가 대체 무슨 권리로 사사건건 제 인생에 관여하는 거예요?"라 며 대든 적도 많았다. 사실 그들 가운데 단 한 명도, 체벌을 하거나 벽을 보고 반성하게 하는 내 징계를 고맙게 여긴 적은 단 한 번도 없었다. 그러나 나는 그들을 징계할 권리를 갖고 있다. 내가 바로 그 아이들의 엄마이기 때문이다. 아이들은 내가 자기들을 징계할 때 하는 행동을 결코 좋아하지 않았고 나 역시도 그들이 내 징계를 좋아해주기를 기대하지도 않았다.

그들의 반항은 나를 무척이나 괴롭게 했다. 그들을 향한 내 사랑이 불철주야 주의 깊게 지켜보는, 사나운, 맹렬한 사랑이기 때문이었다. 나는 그 아이들이 건강한 성인으로 성장하고, 자신들을 향한 하나님의 계획을 다 이룰 수 있고, 하나님께서 그들에게 의도하신 모든 모습들을 하나도 빼놓지 않고 다 가질 수 있기를 세상 무엇보다 더 간절히 바랐다. 나는 그들이 진정한 기쁨을 알고 깊은 평화를 체험하며 의미 있는 삶을 살기를 원했다. 그런 바람들이 내 마음 가장 깊은 곳에 있는 갈망이었다. 그들은 세상에서 가장 강력한 힘으로 밤낮으로 나를 잡아당겼다. 나는 내 아이들을 향한 격정적인 사랑에 의해 움직여졌다.

하나님은 완벽한 아버지이시다. 내가 우리 집 세 아이들에게 느끼는 모든 것들을 하나님은 당신에게 느끼신다. 더 많이, 더 잘 느끼면 느끼셨지 덜 느끼지 않으신다. 만일 당신이 부모라면 어떤 심정으로 자녀들을 징계하겠는가? 하나님께서도 당신을 징계하실 때 바로 그런 심정으로 징계하신다. 당신이 겪는 곤경과 역경 가운데 몇 가지는, 하늘에 계신 아버지께서 당신을 창조하셨을 때부터 염두에 두고 계셨던 모습대로 당신을 만드셨기 때문에 임한 것이다.

하나님께서는 당신이 그분의 영광을 밝히 드러내고, 성취감을 느끼고, 기쁨이 가득하고, 평화가 넘치며, 의미 있고 강력한 삶을 살아가는 그리스도인이 되기를 열망하신다. 그리고 그렇게 되어가는 당신을 지켜보는 데 몰두하신다. 당신의 삶에 임한 역경과 시련의 목적이 바로 이런 것들인데, 즉 하나님께서 이런 것들을 당신에게 상급으로 주고자 하시는데 현재의 역경과 시련이 아무리 가혹하고 아프다고 해도 기꺼이 견딜 가치가 있지 않을까.

🌸 하나님과의 더 깊은 사귐을 허락하기 위해 하나님께서 계획하셨다.

내가 확신하노니 사망이나 생명이나 천사들이나 권세자들이나 현재 일이나 장래 일이나 능력이나 높음이나 깊음이나 다른 어떤 피조물이라도 우리를 우리 주 그리스도 예수 안에 있는 하나님의 사랑에서 끊을 수 없으리라 롬 8:38,39

이것이 광야의 가장 주목할 면이 아닐까 생각된다. 우리 인생길에 수많은 역경과 시련이 찾아올 때 하나님은 당신이 그분의 심장박동 소리를 들을 수 있을 만큼 가까이에서 당신과 동행하시겠다고 약속하신다. 그러나 인생의 광야에서 그분의 임재하심을 체험하려면 편히 쉬는 시간을 가져야 한다. 나는 항암 화학치료를 받으면서 편히 쉬는 법을 배웠다. 그것은 당신의 곤경의 이유를 이해하려고 필사적으로 몸부림치고 미친 듯 피할 길을 찾으려는 시도와 생각들을 편안히 내려놓는다는 것을 뜻한다. 또한 조용히 앉아 주변의 창조세계를 관조(觀照)하는 시간을 갖는다는 것이다.

어느 가을 오후, 나는 외손녀를 데리고 뒤뜰로 나가 버드나무 아래에 함께 앉았다. 그 아이는 그곳에 처음 가보았다. 풀밭에 누워 9월의 푸른 하늘을 바라보면서 아이가 한껏 늘어져 산들거리는 버드나무 가지와 함께 춤추는 것을 지켜보았다. 그 순간은 책을 쓰는 것에 대한 생각도, 내가 과연 이 땅에서 얼마나 더 살 수 있을까 하는 생각도, 아프가니스탄에 전속명령을 받은 사위에 대한 걱정도 다 사그라지고 고요한 평화만이 내 영혼에 스며들었다. 그때 아이와 나는 하나님의 품에 안겨 편히 쉬고 있었고, 버드나무 가지 아래서 춤을 추고 있었다.

어느 날 아침에는 뒤뜰의 테라스에 앉아 묵상시간을 가졌다. 테네시의 10월답지 않게 무척 포근한 날이었다. 아이가 밖에서 놀기를 좋아해서 헐렁한 잠옷 차림으로 뒤뜰에서 뛰놀게 하고, 나는 테라스에 앉아서 성경을 읽고 있었다. 그렇게 한참을 읽다가 문득 고개를 들어 뒤뜰의 정경을 바라보았다. 그리고 그 순간 절정에 달한 우리 집 뒤뜰의 가을 정취에 매료되고 말았다. 우리 집 수영장을 둘러싼 국화들이 찬연한 광경을 상연하고 있었고, 빨간색의 이웃집 헛간과 그 뒤에 펼쳐진 하늘과 그 앞에 있는 오렌지나무 한 그루가 마치 한 폭의 풍경화 같았다. 나는 한동안 그 경이로움에 압도되었고, 항암치료를 받는 중이었음에도 그 모든 것들을 만드신 하나님과 깊은 대화를 나눌 수 있었다.

당신 삶의 광야가 아무리 황폐하더라도 하나님께서 당신과 함께 계시다는 것을 기억하고, 그분의 임재하심을 체험하라. 당신 인생의 광야에 관한 이 세 가지 진리는 야보고와 히브리서 기자와 바울이 인생의 무사태평한 산꼭대기에서 깨달은 것들이 아니다. 그들의 광야에서 깨달은 것들이다. 당신도 당신 인생의 광야에서 이 진리들을 깨닫게 될 거라고 확신한다.

신령한 초대

언젠가 내 '웃음의 장소'에 있을 때, 작은딸이 나를 만나기 위해 밤중에 찾아왔다. 테네시주립대학에 다니던 그 애가 2학년이 막 되었을 때였다. 이런저런 담소를 나누던 중에 딸이 평소와 달리 나의 암으로 인한 자신의 고민과 아픔을 살짝 내비쳤다. 사실 우리 가족들은 내가 스트레스를 받을까 봐 자신들의 고민과 어려움을 표출하지 않고 최대한 억제하고 있었다. 그러나 그날 밤 딸은 평소의 긴장을 풀고 틈을 보였다.

친하게 지내는 학교 친구에게 내 이야기를 했는데 그 친구 말이 내가 죽어가고 있는 게 아닐지라도, 암세포가 나를 죽이지 않을지라도, 엄마가 암을 앓고 있다는 현실을 딸 아이가 감당해야 한다는 사실은 변하지 않는다고 했다는 것이었다. 또한 그 친구는 다른 환자들이 나보다 더 아프다는 이유로 공연히 그들에게 미안해 하면서 고통을 추가할 필요가 없고, 다른 사람들이 무슨 문제로 힘들어하고 있든지 그것이 딸의 상황을 더 견디기 쉽게 만드는 것은 아니라고 했다고 한다.

그런 다음 아름다운 진리를 딸에게 짚어주었다고 한다. 그것은 바로 내가 암에 걸렸기 때문에 딸이 "나의 엄마는 암환자예요. 하지만 나는 하나님을 찬양해요"라고 말하는 법을 배우고 있다는(배워왔다는) 것이었다. 또한 내가 암이 낫기를 바라서 하나님을 찬양하고 있는 게 아니라 내 암에도 불구하고 하나님을 찬양하는 법을 배우고 있는 거라고 했다는 것이다. 딸에게 그런 말을 전해듣고서, 나는 그 친구가 정말 지혜롭다고 말해주었다. 왜냐하면 나 역시도 암과 투병하면서 똑같은 진리를 배우고 있기 때문이다. 나는 암환자다. 그럼에도 불구하고 나는 하나님을 찬양하기로 결단했다. 그 아이와 내가 시련과 역경 가운데서 하나님을 찬양하는 법을 배우게 된 것은 순전히 그 아이와 내가 시련과 역경의 광야에 들어와 있기 때문이다.

당신이 지금 혹독한 광야를 지나고 있는 게 하나님께서 당신 인생에 광야를 만드셨기 때문이 아니다. 다만 하나님께서 당신을 그 광야에서 건져주지 않으신 것일 뿐이고, 거기에는 하나님의 주권적인 섭리가 있을 뿐이다. 또한 당신이 실수를 했거나 사랑하는 누군가가 실수를 했거나 아니면 이미 잘못된 격랑의 바다, 즉 이 세상에 뛰어들게 되었기 때문이다. 그러나 하나님께서는 무한하신 지혜와 완벽하신 사랑으로 위에 언급한 세 가지 계획들을 갖고 당신에게 현재의 광야를 허락하셨다. 그 점에 관해 깊이 생각해보기 바란다.

그리고 당신은 하나님께서 광야에 있는 당신을 위해 길을 내주고 계시다는 사실을 알 수 있다. 광야에 있는 사람은 누구나 그 사실을 확실히 알 수 있기 때문이다. 당신이 현재의 특수한(어쩌면 도무지 이해하지 못할) 광야에 있을지라도 하나님께서는 귀한 꽃들이 피어나게 하실 것이다. 당신의 광야에서 그 꽃들이 피어날 때 당신의 삶은 아름답고 진한 향으로 그득해질 것이다. 왜냐하면 하나님께서 새 일을 행하시기 때문이다. 이제 나타내실 것이다. 반드시 하나님께서 광야에 길을, 사막에 강을 내실 것이다(사 43:19). 하나님은 광야에 강을 만들어 낼 수 있는 완벽한 능력을 갖고 계신다.

나는 전작인 여성들을 위한 영적전쟁에 관한 책에서 아래와 같이 기술했다.

"원수 사탄의 모든 공격은 주권적으로 통치하시는 하나님의 손에서 나온 신령한 초대, 곧 하나님의 사랑이 무엇을 할 수 있는지를 체험을 통하여 배우라는 신령한 초대와 함께 온다."

지금 광야에서 살고 있는가? 그렇다면 용기를 가져라. 하나님과 더욱 친밀하게 사귈 수 있는 곳으로 당신을 초대하고 계신 것이기 때문이다. 오직 광야에서만 깨달을 수 있는 하나님의 깊은 사랑이 있다.

더 이상 광야가 아닌 날

어쩌면 지금 당신은 폭우를 머금은 불쾌한 먹구름이 날마다 하늘을 덮고, 비는 좀처럼 그칠 기미를 보이지 않고, 축축한 물기에 젖어 무거워진 소망은 마음 저 깊은 곳으로 가라앉아버리는 불모의 황무지에서 살고 있는 것처럼 느끼고 있을지도 모른다. 그렇다고 해도 당신의 광야가 당신을 하나님과의 더욱 친밀한 관계로 데려가기 위한 그분의 계획이라는 것을 깨닫기를 진정으로 소망한다.

지금 하나님께서 당신 인생의 광야에서 당신에게 무엇을 보여주고 계신지 잘 생각해보라. 그리고 그런 것들을 보여주신 하나님께 감사의 찬양을 올려라. 그리고 큰 소리로 외쳐라.

"하나님께서 이 광야에 길을 내주고 계신다!"

광야에 물이 흐르기 시작하면 모든 것들이 자라고, 그러면 곧 아름다운 정원으로 바뀐다. 하나님의 본래 의도는 당신과 내가 정원에서 사는 것이지 광야에서 사는 것이 아니라는 것을 잊지 말라.

나는 중국의 선교사 찰스 카우만(Charles E. Cowman)이 저술한 고전적인 경건서적 《사막에 샘이 넘쳐흐리리라》(Streams in the Desert)를 매우 좋아한다. 나는 이 책의 어구들을 종종 인용한다. 비틀거리는 걸음으로 광야를 지나갈 때 타들어가는 목을 시원하게 적셔주는 진리들이 가득하기 때문이다.

"사랑하는 친구여! 당신을 위해 죽은 그분을 신뢰해도 좋습니다. 그분께서 마땅히 중단되어야 할 계획들은 뒤엎으시지만, 자신의 가장 큰 영광과 당신의 가장 고귀한 유익을 낳는 계획은 반드시 이루어주십니다. 그분께서 당신을 최선의 길로 인도하실 것이라 믿고 의지해도 좋습니다."

하나님께서 당신의 광야에 길을 내주고 계신다. 당신의 황무지 곳곳에 물줄기들이 생겨나고 있다. 당신의 그 광야가 더 이상 광야가 아닐 날이 올 것이다. 어쩌면 당신의 생각보다 더 일찍 올지도 모른다.

베드로는 예수님의 가장 친한 친구였다. 예수님은 아버지 오른편에 앉기 위해 이 땅을 떠나셨을 때 자신을 대신하여 제자들의 지도자로 그를 선택하셨다. 베드로는 요한과 더불어 예수님이 이 땅 위에서 걸으시는 동안 다른 누구보다 더 예수님과 가까이 지낸 인물이었다. 베드로는 우리가 다음과 같은 진리를 깨닫길 원했다.

모든 은혜의 하나님 곧 그리스도 안에서 너희를 부르사 자기의 영원한
영광에 들어가게 하신 이가 잠깐 고난을 당한 너희를 친히 온전하게 하
시며 굳건하게 하시며 강하게 하시며 터를 견고하게 하시리라 벧전 5:10

당신의 광야는 영원한 것이 아니다. 잠깐 고난을 당하면 하나님께서 당신을 친히 온전하고, 굳건하고, 강하게 하시며 당신의 터를 견고하게 해주실 것이다.

밥 소르기(Bob Sorge) 목사는 《내 영이 마르지 않는 연습》(Secrets of the Secret Place)에서 말했다.

"하나님께서는 당신의 광야에 길을 내주고 계신다. 당신의 황폐한 땅에 샘이 솟아나고 있다. 그리스도 안에 있는 형제자매들이여! 당신

삶의 광야가 더 이상 광야가 아닌 날이 올 것이다. 어쩌면 당신이 생각했던 것보다 더 빨리 올지도 모른다. 그날이 오면 당신의 입에서는 찬양이 터져 나올 것이며, 깊은 밤 동안 계속되었던 당신의 슬픔은 새 아침의 환희로 변할 것이다.

우리 모두는 하나님 안에서 광야를 걷는 시절을 겪게 된다. 우리의 영적 삶의 모든 것들이 메말라버리고, 생기를 잃고, 영감을 상실하는 시절을 지나게 된다. 그 시기를 지나는 유일한 방법은 걸어가는 그 길이 아무리 가혹해지더라도 하나님을 향한 발걸음을 결코 포기하지 않겠다고 미리 결단하는 것뿐이다.

'무슨 일이 일어나든지 그리스도 안에 거하리라!'

당신에게 비밀을 알려주고 싶다. 이렇게 불굴의 인내를 다짐할 때 우리 주님과의 가장 특별한 차원의 관계를 향한 길이 열린다는 것이다."

나는 강해요

인종차별을 다룬 영화 〈헬프〉(The Help)에서 내가 특별히 좋아하는 장면이 있다. 영화는 1960년대 미국 남부 미시시피에 거주하고 있던 흑인 여성 가정부들의 이야기를 전한다. 그 영화에서 야심차고 당찬 백인 신문기자 여성이 그 여인들을 설득해 그들의 이야기를 세상에 내게 한다. 그 젊은 신문기자는 그들의 이야기를 책으로 펴내, 미국 남부지역에 만연해 있던 인종편견의 사악함을 폭로한다. 내가 가장 좋아하는 장면은 가정부로 일하고 있는 흑인 여성 '에이블린'이 주인집 어린

딸을 자기 무릎에 앉혀서 아이의 작은 손을 자신의 볼에 대고, 그 아이의 눈동자를 응시하면서 말하면 아이가 그녀의 말을 반복하여 따라하는 대목이다.

"나는 친절해요, 나는 영리해요, 나는 중요한 사람이에요."

나는 흑인 가정부가 백인 주인에게 학대를 받으면서도 주인의 천진난만한 딸에게 보인 사랑에 깜짝 놀랐다. 우리를 향한 주님의 사랑이 그렇다. 우리는 주님을 십자가에 못 박았지만 주님께서는 우리를 사랑해주신다.

그러므로 우리를 지극히 사랑하시는 주님께서 우리를 현재의 광야에서 건져주실 날이 곧 임할 것이다. 못 자국 상처가 선명한 손은 눈물로 얼룩진 우리의 볼을 어루만지실 것이며, 연민의 시선은 우리를 뚫어질 듯이 응시하실 것이며, 다음과 같이 말씀해주실 것이며, 우리는 그분을 따라 말하게 될 것이다.

"나는 강해요, 흔들리지 않아요, 견고해요!"

하나님께서 길을 내주실 것이다.

네 인생에
큰 기대를 가져 봐

막연한 기대의 반지

몇 년 전 '베이비부머 세대'(2차 대전이 끝나고 1945년에서 1965년 사이에 태어난 세대)의 특징을 가르치고 그들을 상대로 하는 사역의 아이디어를 제공하기 위한 한 협의회에서 내게 강연을 요청해 왔다. 나는 강연 제목을 '큰 기대'라고 붙였다. 나는 그 강연에서 베이비부머 세대의 주된 특징 가운데 한 가지가 인생이 좋아질 거라는 막연한 기대이며, 인생이 그렇게 되기를 원한다면 축복을 받을 만한 태도를 견지해야 한다고 설명했다. 그러나 그런 사고방식이 타당하지 않다는 것이 마침내 입증되었다. 당신도 그 사실을 잘 알고 있으리라. 그렇지 않다면 인생의 악전고투 속에서 평화와 지침을 얻을 수 있는 이 책을 읽으려고 하지 않았을 테니 말이다.

나는 베이비부머 세대의 거의 마지막 세대이다. 그래서인지 몰라도 X세대(1960년대 초에서 1980년대 초에 태어난 세대들)의 특징도 적지 않게 갖고 있다. 선택과 표현의 자유를 누리던 우리 세대는 우리 자신의 힘으로 운명을 결정할 수 있고, 꿈을 이루어나갈 수 있다고 진심으로 믿었다. 우리가 끼고 있던 믿음과 기대의 반지는 언제나 우리의 마음을 든든하게 해주었다.

나는 열한 살 때 예수님을 믿고 구원을 받았다. 이후 매일 개인적으로 묵상시간을 갖는 것과 전도하는 것을 배웠고, 경건훈련을 매우 중요하게 여기는 교회의 학생회에서 성장하면서 교회에서 리더 역할을 수행하는 것도 배웠다. 그렇게 나는 교회와 문화가 혼합된 인생철학을 갖게 되었다.

나는 예레미야서 29장 11절을 인생의 요절로 삼았고, 하나님께서 내게 바라시는 모험의 여정을 내가 지속하는 한 하나님께서 나를 번영하게 해주실 거라고 믿었다. 그리고 내가 젊은 목회자의 아내로 불임의 고통을 겪기 전까지는 정말 그렇게 해주셨다. 내가 원하는 것을 얻지 못한 때는 그때가 처음이었다. 그 일로 인해 하나님께 얼마나 화를 냈었는지…. 그러나 얼마 지나지 않아 하나님께서는 내 마음의 소망을 들어주시어 세 아이를 주셨다. 내 인생은 풍성한 것들과 좋은 것들과 상상할 수 있는 모든 것들(혹은 그 이상의 것들)로 다시 가득해졌다. 적어도 2010년까지는 그랬다.

영적전쟁에 관한 책을 저술하기 시작하면서 매주 사람들을 가르치기 시작했다. 그해에 대장암 진단을 받았지만 수술은 성공적으로 끝나서 내 인생은 그럭저럭 잘 풀리는 것 같았다. 다음 해는 전년보다 더 온순했고 다정했다. 그러나 그 이듬해에 암이 재발했다. 실제적이고 현실적인 고통이 내 존재를 뿌리까지 흔들어놓기 전까지 나는 정말 큰 기대를 갖고 살았다. 그리고 그 시기에 큰 기대를 갖고 사는 사람이 나만은 아니라는 사실을 깨달았다. 내가 알고 있는 거의 모든 사람들이 그렇게 살고 있었다.

그러던 어느 날, 인터넷에서 빼어난 논문 한 편을 읽게 되었다. 베이비부머 세대들이 '인생은 어떻든지 좋아질 것이다'라는 오만한 이상을 품고 있는 이유에 대한 견해를 피력한 논문이었다. 논문의 저자인 마이크 벨라(Mike Bella)는 말한다.

"나는 1988년에 저술한 《Baby Boom Believers》(베이비붐 신자들)에서 우리가 어린 시절에 인생에 대해 그렇게 높은 기대감을 갖게 된 이유가 우리 부모 세대들이 우리에게 말한 무엇, 아니 더 정확히 말해서 말해주지 못한 무엇이라고 지적한 바 있다."

그는 우리 부모 세대가 경제공황과 세계전쟁으로 어질러진 자신들의 문화와 우리 세대가 체험하는 문화를 서로 비교하여 우리의 문화가 자신들의 문화보다 더 평탄하다고 간주했고, 그래서 우리는 운이 좋은 세대라고 우리에게 말했다는 점을 지적한다. 그들은 우리에게 감사하는 태도를 심어주길 원했다. 그러나 대신 우리는 평탄한 삶을 향유할 권리와 자격을 부여받았다고 당연하게 생각하게 됐다.

그는 우리의 부모 세대가, 우리에게 인간의 경험의 일부를 이루는 고통과 아픔의 현실에 잘 대처하게끔 준비시켜주는 임무를 더 잘 수행했어야 했다고 지적한다.

"우리의 부모 세대는 감사의 태도와 불굴의 의지를 고루 발전시켜야 한다는 권면의 말로 자녀들과의 대화를 매듭지어야 했다. 전자는 인생을 향유하는 데 필요한 것이고, 후자는 인생을 살아가는 데 필요한 것이기 때문이다."

그러나 부모 세대가 인생의 어려운 시기를 예상하라고 우리에게 진지하게 경고했더라도 우리는 분명 귀를 기울이지 않았을 것이다. 우리 아이들이 초등학교에 다니던 때 어머니가 내 눈을 응시하면서 어린 자녀들을 키우는 순간이 속히 지나가기를 바라지 말라고 일러주었던 게 어디 한두 번이었던가.

아이들의 배변훈련을 시키고, 도화지에 그림을 그리면서 함께 놀아주고, 아이들 친구를 불러 파티를 열어주는 순간을 소중히 간직하라고 가르치던 부모님의 음성이 아직도 생생히 기억난다. 그러나 나는 그들의 권면에 주의를 기울이기보다 세 아이가 제때에 대학에 들어갈 수 있게 공부시키는 데만 정신을 쏟았다. 그들이 고등학교 고학년이 될 때까지 그랬다. 급정거를 간청하면서 울부짖지 않을 수 없었고, 시곗바늘을 되돌려달라고 간청하지 않을 수 없었다. 후회한들 때는 이미 지나간 것을. 우리는 자신이 연장자가 되기 전까지는 그들의 지혜를 무시하는 경향이 있다.

충족되지 않은 기대감

인생에 큰 기대를 걸고 살아가는 우리는 뜻밖의 어려운 일들이 일어날 때 수레바퀴를 더 빠르게 회전시키면서 땅에 더 깊은 자국을 낸다. 그러나 아무리 그렇게 바동거려도 결국에는 실망과 혼란의 진흙탕에 빠져 옴짝달싹 못하게 된다.

🍁 자신을 피해자로 여기게 된다. 나는 '피해의식'이라는 것이 힘을 포기하는 것이라고 아이들에게 종종 말한다. 우리는 스스로를 피해자로 생각하고 느낄 때 어려운 환경에 맞서서 무엇인가를 하려는 힘을 포기하게 된다. 우리는 '하나님을 사랑하는 이들에게는 모든 것들이 합력하여 선을 이루게 될 것이다'라고 로마서 8장 28절에 기록된 하나님의 말씀을 기억하는 대신 의자에 기대어 앉아 구슬픈 노래를 읊조리게 된다.

"우울해, 절망이야, 괴로워!"

🍁 절망하게 된다. 그런 상태에 있는 신자가 어떻게 하나님의 영광을 나타낼 수 있을까? 신자들로서 우리의 기쁨과 믿음이 특정한 외적 환경에 의해 좌지우지될 때 우리는 하나님보다 훨씬 더 못한 '신'을 섬기게 된다. 우리 마음의 평화를 인생의 굴곡에 내어 맡기면 세상 임금인 원수 사탄의 족쇄를 스스로 차게 되는 결과가 빚어진다. 사도 바울은 그런 행동들에 대해 경고한다.

그러므로 너희가 그리스도 예수를 주로 받았으니 그 안에서 행하되 그 안에 뿌리를 박으며 세움을 받아 교훈을 받은 대로 믿음에 굳게 서서 감사함을 넘치게 하라 누가 철학과 헛된 속임수로 너희를 사로잡을까 주의하라 이것은 사람의 전통과 세상의 초등학문을 따름이요 그리스도를 따름이 아니니라 골 2:6-8

우리는 하나님의 자녀들로서 '그리스도 안에서' 살라는 부르심을 받았지 '세상 안에서' 살라는 부르심을 받지 않았다.

🍁 '자기사랑'에 빠진다. 자아를 지나치게 사랑하는 것이다. 자신의 느낌이나 필요와 채워지지 않은 욕구, 아픔과 실망에 과도하게 집중하다 보면 자신도 모르게 눈이 멀어 다른 사람들의 느낌과 필요와 아픔, 욕구와 실망 등을 보지 못하게 된다. 예수님은 우리 자신을 부인하라고 명하셨지, 자아를 완성하는 길을 모색하면서 인생을 허비하라고 하지 않으셨다. 자신의 자아에게 과도하게 집중하는 사람은 자신의 삶의 목적을 놓칠 수밖에 없다.

🍁 자신을 다른 사람들에게서 고립시킨다. 우리는 정서적 아픔을 느낄 때 일종의 방어기제를 작동시켜 우리를 아프게 할 수 있는 사람들로부터 자신을 고립시키는 반응을 보인다. 찰스 디킨스의 고전적 소설인 《크리스마스 캐럴》을 각색한 영화 〈고스트 오브 걸프렌즈 패스트〉(Ghosts of Girlfriends Past)에서 자기애에 빠진 주인공 코너 미드는 다

양한 유령들과 하룻밤을 보낸 뒤 생각과 마음이 완전히 바뀐다.

그의 형은 결혼을 앞두고 있지만 아내가 될 여자가 상처를 받을까 봐 두려워 결혼식을 취소한다. 형의 결혼을 지키려고 필사적으로 애쓰는 그는 공항으로 가는 장래의 형수를 추적하고, 마침내 그녀를 만나서 사랑의 관계에서의 상처 때문에 도망쳤을 때 겪게 될 고독에 대해 경고한다. 그 장면에서 그는 이렇게 말한다.

"당신이 상처를 입지 않는다는 뜻은 아니에요. 그러나 사랑으로부터 도망친 것에서 비롯되는 후회는 당신이 느끼게 될지도 모를 아픔에 비교도 되지 않을 만큼 가혹할 거예요. 그 두 가지를 충분히 경험한 사람으로서 분명히 말씀드리지만 후회는 일주일 내내 특히 일요일에는 두 배의 고통을 안겨다줄 거예요. 도망치지 말아요."

🍁 퇴보하게 된다. '그리스도인의 행보는 세 걸음 전진 두 걸음 후퇴'라는 말이 있다. 우리가 하나님의 주권적인 섭리의 손길에 철저하게 굴복할 수 있다면 우리가 기대한 것들이 산산이 부서지더라도 하나님께서 우리를 전진시키기 위해 실망스러운 상황을 사용하실 거라고 온전하게 신뢰할 수 있다면 얼마나 아름다울까!

친정아버지는 노스캐롤라이나 산지에 위치한 집 마당에서 일하는 것을 좋아하신다. 집 앞에는 진달래나무들이 자라고 있지만 간혹 무성한 잎들을 내지 못하고 막대기처럼 마른 가지만 뻗어 시들시들 죽어가는 것 같았다. 몇 해 전 여름에 남편과 함께 친정에 갔다가 진달래나무의 가지들이 참혹하게 잘려 있어서 깜짝 놀랐다. 나중에 알고 보니 친정아버지가 일부러 가지치기를 한 것이었다. 친정어머니가 "그러다가 나무들을 다 죽이겠다"라고 잔소리를 했지만 소용이 없었다. 하지만 이듬해 봄에 다시 친정을 찾았을 때 진달래나무들은 그 어느 때보다 무성했고 건강했고 아름다웠다. 요한복음 15장에 기록된 말씀처럼 가지치기가 당시에는 매우 해롭고 가혹한 것처럼 보였지만 건강하고 튼실한 성장을 낳았다.

우리의 기대가 산산이 부서질 때 아마 선하신 농부가 가지치기를 하고 있는 것은 아닐까. 우리가 농부의 가지치기 가위에 겸손히 굴복하고 때가 이르면 많은 열매를 맺게 될 거라고 확신할 때 과연 어떤 일들이 일어날까?

 믿음을 잃는다. 어떤 사람들은 어렵고 실망스러운 상황을 만날 때, 하나님께서 그들의 삶에서 크고 놀라운 일들을 다시 행하실 거라고 믿는 믿음을 포기해버린다. 언짢아하면서 부정적인 태도를 보인다. 이 세상의 실망스러운 것들에만 집중하다가 눈이 멀게 돼 결국 하나님께서 어두운 곳에 그들을 위해 감추신 보물을 보지 못하게 된다.

십자가 죽음을 예고하신 예수님을 질책했던 베드로처럼 우리도 하나님께 속한 것들을 보지 못해 갈팡질팡 당황한다. 당신에게 그런 일이 일어나지 않게 하라. 인생의 모진 시련이 당신의 앞길을 가로막을 때 하나님의 전신갑주를 입고 견고히 맞서라(엡 6:10-18).

 불만족의 상태에서 계속 살게 된다. 당신은 이런 사람들을 잘 알고 있다. 그들은 주일에 교회에 나온다. 당신이 목소리를 높여 하나님을 찬양할 때 옆에 앉아 모기만 한 목소리로 중얼거린다. 예배시간 내내 고개를 푹 숙이고 시선은 바닥을 향한다. 어떻게 지내냐고 물으면 죽지 못해 억지로 살고 있다고 처량하고 구슬프게 대답한다.

나는 그런 사람들을 보면 만화영화 〈곰돌이 푸〉에 나오는 가엾은 당나귀 '이요르'가 생각난다.

"좋은 아침이야, 곰돌이 푸."

걱정을 달고 사는 이요르가 우울한 목소리로 인사한다.

"그런데 오늘 아침이 진짜 좋은 아침인지 의심이 들어."

"왜? 뭐가 문제인데?"

"아무것도 아니야, 곰돌이 푸. 우리는 전혀 할 수 없어. 우리 중에 몇몇 애들은 할 수가 없어. 그게 다야."

"뭘 전혀 할 수 없다는 거야?"

곰돌이 푸가 코를 문지르며 묻는다.

"노래하고 춤추면서 흥겹게 뛰어놀기 말이야."

당나귀 이요르는 귀여운 캐릭터이다. 그러나 하나님의 자녀들은 걱정을 안고 사는 이요르보다는 맑고 밝은 성격으로 콩콩 뛰어다니는 호랑이 '티거'를 더 닮아야 하지 않을까!

아주 작은 문제

당신이 베이비부머 세대가 아닐지라도 인생에 큰 기대를 갖고 사는 것과 타락한 세상의 한계를 인정하고 사는 것의 차이를 이해했길 소망한다. 만왕의 왕의 자녀로서 당신의 인생길에 나타나고 사라지는 모든 것들 가운데 그분께서 궁극적인 지혜와 완벽한 사랑으로 먼저 걸러내지 않은 것은 아무것도 없다는 것을 알길 소망한다. 또한 하나님께서 당신을 위한 귀한 보화들을 어두운 곳에 숨겨두고 계시며, 하나님과 함께 그 어두운 동굴을 탐험하기로 결단할 때에만 비로소 보물들을 발견할 수 있다는 것도 깨닫기를 소망한다.

나는 대중적인 영화나 어린이 만화나 노랫말 등의 오락수단들을 통해서조차 하나님의 음성을 듣는 법을 배웠다. 그리고 닥터 수스(Dr. Seuss, 미국의 동화작가, 만화가)의 작품에는 진리를 나타내는 내용들이 많다. 그는 《I Had Trouble in Getting to Solla Sollew》(솔라 살루에 들어갈 수 없었다)에서 인생의 고통으로부터 도망치려고 애쓰는 한 남자의 이야기를 전한다.

어느 날 그 남자는 '솔라 살루'(Solla Sollew)라는 도시에 대해 듣는다. 사람들은 그곳에는 고통이 없고 설령 있더라도 매우 적다고들 말한다. 그래서 그는 그곳을 찾아 길을 떠나고, 당신과 내가 뚫고 지나가기를 원하는 것보다 훨씬 더 많은 난관을 헤친 뒤에 마침내 그 도시의 문 앞에 당도한다. 그는 정말 기뻐서 소리쳤다.

"됐어, 해냈어, 드디어 도착이야!"
문지기가 도시의 문 앞에 서서 친구처럼 다정하게 내게 손을 흔들었을 때, 드디어 내가 모든 고통을 떠나왔다는 사실을 알았다.

문지기는 내게 악수를 건네면서 말했다.

"쾌적하고 안락한 솔라 살루에 온 걸 환영해. 이곳에는 고통이 없네. 있더라도 아주 조금 있지. 그런데 아주 작은 문제가 있어. 그게 무엇인지 알고 싶나? 이제 자네도 곧 알게 되겠지만 이 열쇠가…."

이 가련한 남자는 온갖 난관을 헤치고 도시에 당도하지만 그곳의 문을 꽁꽁 잠가놓는 '키 슬랩핑 슬립퍼드'(Key Slapping Slippard, 자물쇠 속에 들어가 열쇠를 밀어내는 가상의 벌레)로 인해 이러지도 저러지도 못한 채 하릴없이 도시 바깥에서 곤경에 처하게 된다.

나는 이 이야기를 읽으면서 우리가 그를 많이 닮았다는 느낌을 지울 수가 없었다. 우리는 인생에 고통이 없을 거라는 큰 기대를 갖는다. 실망스러운 상황과의 충돌을 피하기 위해 옆으로 살짝 비켜나면서, 거추장스러운 장애물들을 극복하기 위해 애쓰면서, 안락의자에 편안히 앉아 고통이나 번민이나 아픔 같은 것들로부터 자유로운 삶을 즐길 수 있는 곳을 찾기 위해 강행군을 하면서 수없이 많은 날들을 보낸다.

그러나 그런 곳은 없다. 여기 지금 이 땅에는 존재하지 않는다. 우리 인생의 목표는 하나님의 계획을 따르는 것이지 아픔을 피하는 것이 아니다. 예레미야서 29장 11절은 "여호와의 말씀이니라 너희를 향한 나의 생각을 내가 아나니"라고 말한다.

당신은 하나님께서 당신 자신의 계획을 초자연적으로 축복해주시기를 바라는가, 아니면 당신이 쏟아야 하는 모든 노력들을 하나님의 계획에 맡기고자 하는가. 이 이야기에 나오는 가련한 남자, 인생의 고통과 문제에 신물이 난 그 남자가 솔라 살루를 찾아 헤맨 것은 인생의 고통과 문제로부터의 도피를 약속받았기 때문이다. 그러나 그가 도착했을 때 자물쇠 안에 있는 벌레가 도시의 문을 단단히 잠가놓아 그의 계획은 엉망이 됐다.

이 대목에서 당신에게 확실하게 말해두고 싶은 게 있다. 그것은 바로, 당신의 인생이 공평한 몫 이상의 성쇠(盛衰)와 부침(浮沈)을 겪고 있더라도 하나님께서는 계획을 갖고 계시다는 것이다. 하나님께서는 당신을 위한 계획을 갖고 계신다. 그러나 그것은 당신의 계획이 아니고 하나님의 계획이다.

큰 강에 뛰어들어라

어느 날 아침 산책을 하고 있을 때 하나님께서 다음과 같은 말씀을 내 영에 주시는 것이 느껴졌다.

'딸아, 이사야 선지자는 40장 1절과 2절의 말을 했을 때 그리스도의 도래를 예언하고 있었어. 그러나 그런 예언을 선포한 그 자신이나 그의 예언의 말을 들었던 사람들 어느 누구도 그 예언이 성취되는 것을 목격할 만큼 오래 살지는 못했다는 것을 깨달아야 할 것이다.'

당신이 하나님께 들은 말씀을 사람들에게 전하면서 평생을 살아간다. 그런데 당신이나 그 말씀을 듣는 사람들이나 그것이 진리인지 확인할 수 있을 만큼 오래 살지는 못한다. 나는 그런 사실을 곰곰이 생각하다가 하나님의 계획은 60년, 70년, 혹은 120년 같은 인간의 시간에 제약을 받지 않는다는 것을 상기했다. 하나님의 계획은 나의 수(數)에 제약을 받지 않는다. 하나님께서는 계속 말씀하셨다.

'사실 신실하게 나를 따른 성경의 거의 모든 인물들은 자신들의 순종이 내 나라의 일에 어떻게 영향을 끼칠지 전혀 알지 못했어. 그리고 그들의 순종은 종종 값비싼 대가를 요구했지. 하지만 그들 모두는 내 나라의 계획에 모든 것들을 다 쏟기 위해 자신들의 계획과 자신들의 영광과 이 땅의 삶을 기꺼이 희생했단다.'

나는 즉각 하나님께 아뢰었다.

'저를 위한 하나님의 계획, 곧 예레미야서 29장 11절에 약속해주신 계획이 제가 세운 게 아니라 하나님께서 세우신 계획을 뜻한다는 말씀이죠? 제 영광을 위한 게 아니라 하나님의 영광을 위한 계획이라는 말씀이죠?'

나는 그 점에 대해 한동안 생각했다. 나는 하나님과 그런 대화를 나눈 뒤, 이전과는 전혀 다른 기대를 갖기 시작했다. 나 자신의 행복과 위안과 기쁨에 초점이 맞추어진 큰 기대를 갖는 대신 내 인생의 목적이 하나님의 '계속 진행 중에 있는' 계획에 참여하는 것임을 깨닫기 시작했다.

나는 하나님의 계획을 거센 물줄기로 도도하게 지속적으로 흐르는 큰 강으로 여기기 시작했다. 사실 그전까지 나는 내 인생이 그 큰 강 옆으로 난 작은 시내라고 생각하곤 했고, 하나님의 계획이 내 인생의 조약돌들을 간질이고 발가락을 시원하게 적시면서 내 작은 시내로 유입되고 있다고 느끼곤 했다.

그러나 하나님에 관해 생각하고, 또 하나님께서 태초에 어떠셨고, 종말에 어떠실지 곰곰이 생각하면서 내 삶이 그렇지 않다는 것을 깨닫게 되었다. 어쩌면 내가 지금 여기 이 땅에서 살아가고 있는 삶이 장차 임할 하나님나라에 몇 가지 경이로운 방법으로 영향을 끼칠지도 모른다. 그러나 결국 차이를 낳는 것은 내가 일으키는 잔물결이 아니라 지속적이고 도도한 하나님의 계획의 강력한 물줄기의 강력한 흐름이다.

만일 내가 의미 있는 삶을 살기를, 내 수고와 아픔이 허사가 되지 않기를 원한다면 그 시내에서 나와 큰 강에 뛰어들어야 할 것이며, 하나님과 함께 인생길을 헤쳐 나가는 동안 내가 가라앉지 않게 하나님께서 지켜주실 것이라 믿고 의지해야 할 것이다.

하나님의 자녀로서 당신의 인생에 큰 기대를 가져라. 그렇지 않으면 하나님의 이름을 더럽히게 될 것이다. 그러나 큰 기대를 갖되 우주 만물을 주권적으로 다스리시는 하나님의 강력하신 손에 굴복시켜라. 다른 사람들을 위해 힘써 일하라. 예상하지 못했던 인생의 일들이 당신의 꿈을 완전히 깨트려버렸을 때 얻은 깨달음을 다른 사람들에게 힘써 전하라. 그들에게 하나님을 보여주어라. 하나님께서 인생의 문제들과 고통을 사용하시어 하나님의 사랑과 능력을 입증하시도록 순복할 때의 믿기 어려운 기쁨을 그들도 느낄 수 있도록 힘써 도와라.

널 통해 세상을
축복할 거야

하나님의 거울이 되는 법

잠언 13장 12절은 "소망이 더디 이루어지면 그것이 마음을 상하게 하거니와"라고 말한다. 그러나 소망이 이루어지는 것이 지체될 때라도 하나님은 일하신다. 하나님은 당신이 그분을 가장 잘 전할 수 있도록 최선의 방법을 준비하시며 당신의 삶에서 목적을 갖고 일하셨고 또 일하고 계신다.

'시련이 없는 곳에는 간증도 없다'는 말을 들어보았을 것이다. 나는 지금까지 이 책 전반을 통해 그런 시련에 대해 간증했다. 이제 당신이 당신의 시련에 대해 간증할 차례이다. 조금만 숙고하고 주시하면 당신 인생 이야기의 남은 부분들을 창조주 하나님과 함께 써내려갈 수 있을 것이다. 하나님의 거울이 되어 당신의 삶을 통해 그분의 영광을 나타내는 법을 차근차근 알게 되길 바란다.

하나님의 음성을 듣는 것에 관한 우리의 논의를 거의 끝마칠 이 시점, 인생의 가장 어려운 환경의 한가운데서 하나님의 음성을 식별하는 법을 배웠기를 소망한다. 이 책의 각 장은 하나님을 사랑하고 신뢰하는 이들을 위해 그분께서 친히 준비해놓으신 모험의 여정을 발견하라는 미묘한 도전들로 짜여 있다. 당신이 그 모험의 여정을 발견하고 있는 중이기를 소망한다.

앞에서 나는 아기를 잃은 멜리사 부부의 이야기를 전해주었다. 그런데 내게는 아기를 잃은 또 다른 친구가 있다. 그녀의 아기는 매우 희귀한 염색체 장애를 갖고 태어났다. 그녀와 그녀의 남편은 어떤 예고도 받은 적이 없었기에 귀여운 딸이 태어나자마자 그 아이의 어두운 장래에 대해 염려하지 않을 수 없었다. 그 아이는 며칠 살다가 죽고 말았다. 몇 년 뒤, 큰 믿음의 소유자인 그녀는 하나님께서 자신의 마음을 위로하시며 역사하시도록 순복했다. 그래서 우리가 자녀를 잃은 엄마들을 상대로 사역을 시작했을 때 그녀는 그 모임을 이끌겠다고 자원했다. 나는 다른 사람들을 섬기려는 의지를 표명한 그녀가 자랑스럽다고 말해주었다. 그러자 그녀는 내 칭찬에 이렇게 대답했다.

"제가 시련을 겪어야 한다면 하나님께서 그것을 통해 영광 받으시기를 원해요."

그 말을 듣는 순간 가슴이 무너져내리는 것만 같았다. 그러나 그녀의 강인함과 확신을 보았을 때 하나님께서 그분의 영원한 계획에 참여하라고 그녀를 초대하면서 상처를 치유해주고 계시다는 사실을 부인할 수 없었다.

나는 그녀의 이러한 태도를 내 인생의 기치(旗幟)로 삼았다.

'내가 시련을 겪어야 한다면, 그게 무엇이든지 그것을 통해 하나님께서 영광을 얻으시게 하고 말거야!'

이번 장에서는 하나님의 영광을 위해 당신 자신의 이야기를 쓰는 법과 당신의 이야기를 다른 사람들에게 전할 수 있는 몇 가지 실제적인 제안을 할 것이다.

첫 번째로 과거를 회고하면서 분산된 점들을 서로 연결하라. 솔직히 이 단계는 연장자들에게 유리하다. 많은 것들을 경험한 사람들이 하나님께서 그간에 어떻게 그들의 삶을 통해서 꼼꼼하고 정확하게 하나님의 계획을 이루어 오셨는지 확인하기 위해 과거를 돌아보면서 분산된 점들을 서로 연결할 수 있기 때문이다. 그러나 나이가 많지 않다고 실망할 필요는 없다. 그간에 몇 가지의 악전고투는 겪었을 테니 그것들을 하늘의 관점으로 바라볼 수 있게 해달라고 하나님께 간청하기 바란다.

어느 날, 아들이 애플컴퓨터와 픽사엔터테인먼트의 CEO였던 스티브 잡스(Steve Jobs)의 연설문 한 편을 가지고 왔다. 사실 그것은 그가 2005년 스탠포드 대학 졸업식에서 연설한 것이었다. 거기서 그는 자신의 인생의 중추가 되었던 사건들에 대해 말했다. 그가 대학입학 한 학기 만에 중퇴한 것, 나중에 매킨토시컴퓨터 설계에 주된 영향을 끼친 서체(書體) 강좌를 수강한 것 등이 포함되어 있었다.

"이런 것들 가운데 그 어느 것도 제 인생에 실제적으로 적용되기를 소망할 만한 것들이 아니었습니다. 하지만 10년 후, 우리가 최초의 매킨토시컴퓨터를 설계했을 때 그 모든 것들이 큰 도움이 되었습니다. 우리는 그 서체들을 기초로 매킨토시컴퓨터를 만들었습니다. 그것은 아름답고 다양한 서체를 구사할 수 있는 최초의 컴퓨터였습니다.

만일 제가 대학에서 서체 강좌를 듣지 않았다면 매킨토시컴퓨터는 다양한 활자체나 일정한 간격으로 균일하게 배열된 글꼴을 가질 수 없었을 것이며, 마이크로소프트의 '윈도우 운영체제'도 실은 매킨토시를 모방한 것이므로 그 어떤 PC(일반인들이 흔히 사용하는 개인 컴퓨터)도 그런 아름다운 글꼴을 가지지 못했을 것입니다. 만약 제가 대학을 중퇴하지 않았다면 그 강좌를 듣지 않았을 것이고, 그렇지 않았다면 오늘의 PC는 현재와 같은 아름답고 균일하고 다양한 활자체를 갖지 못했을 것입니다."

그는 처음에 아버지의 창고를 빌려 시작한 회사(애플컴퓨터)의 이사회에서 해고를 당했으나 그것이 그의 인생에 일어났던 모든 일들 가운데 최고의 사건이었다고 말했다. 또한 픽사(〈토이 스토리〉 등 애니메이션 영화를 제작한 회사)를 차린 것과 아내를 만난 것 등에 대해 말했다. 그리고 마지막으로 과거의 삶을 돌아보면서 분산된 점들을 서로 연결하는 기법을 배워야 할 필요가 있다고 말했다.

당신의 인생 이야기를 하기 위한 첫 단계는 과거의 분산된 점들을 서로 연결하는 것이다. 당신이 오늘의 그 자리와 위치에 올 수 있도록 영향을 끼친 사람들과 환경에 대해 곰곰이 생각해보라. 스티브 잡스는 그런 요인들을 몇 가지로 축소했다. 그렇게 하는 게 매우 중요하다. 지금까지 인생길을 걸으면서 당신의 진로를 바꾸어놓았다고 생각되는 사람들과 사건들에 대해 생각해보라.

요셉의 생애는 과거의 분산된 점들을 서로 연결하는 이 단계의 가장 좋은 본보기가 된다. 그의 이야기는 창세기 37장과 39장부터 51장에서 읽을 수 있다. 만약에 요셉이 자신의 과거의 분산된 점들을 서로 연결했다면 그 점들은 꿈을 꾼 것, 형들에 의해 구덩이에 던져졌다가 노예로 팔린 것, 보디발의 집에서 종으로 살아간 것, 억울한 누명을 쓴 것, 감옥에 갇힌 것, 빵 맡은 관원장과 술 맡은 관원장의 꿈을 해석해준 것, 바로의 꿈을 해몽해준 것, 기근, 형제들과 아버지와의 재회, 가족들을 기근으로부터 구한 것, 형제들과의 극적인 화해 등으로 엮인 한 편의 이야기를 구성할 것이다.

당신의 과거의 분산된 점들을 나열하면 서로 연결하기가 훨씬 수월해질 것이다. 그리고 당신이 그 점을 택한 이유가 무엇인지 한 문장이나 두 문장 정도로 짧게 설명을 붙이도록 하라.

두 번째로 그간의 일들을 통해 하나님께서 어떻게 영광을 나타내셨는지 분별하라. 이 단계의 작업을 하다보면 감동과 감격에 젖게 된다. 당신의 인생 여정 전반을 통해 하나님의 사랑의 손길과 선하신 마음을 더듬어볼 수 있기 때문이다. 그러나 이 단계의 작업을 수행할 때, 과거 힘들었던 환경의 압박에 짓눌릴 수도 있을 것이다. 주의하지 않으면 원수 사탄이 틈을 타서 하나님은 당신에게 별로 관심을 갖고 있지 않다는 생각을 당신의 마음에 넣을 수도 있다. 사탄이 당신에게 그런 짓을 하게 내버려두면, 즉 사탄이 주는 의심을 그대로 받아들여 하나님의 신실하심과 사랑의 진리를 무시하기 시작하면 엉망으로 어질러진 것 같은 당신의 삶의 한가운데서 하나님께서 행하고 계신 모든 것들을 보지 못하게 된다.

그러나 고린도후서 10장 5절에서 바울이 권면한 대로 사탄이 주는 그런 생각들을 사로잡아 그리스도의 주권에 굴복시키면 당신 삶의 한가운데서 전개되고 있는 하나님의 영광의 미묘한 역사들이 보이기 시작할 것이다. 그리고 일단 그렇게 당신의 부서진 꿈들의 파편들을 통해 반짝반짝 빛나는 하나님의 영광의 역사들을 보기 시작하면 요한복음에 나오는 우물가의 여인처럼 주변의 다른 사람들에게 하나님의 영광을 외치지 않고는 견디지 못할 것이다. 당신의 이야기를 사람들에게 전해주기를 갈망하게 될 것이며, 사람들을 찾아다니면서 "내 삶의 가장 세세한 부분들에까지 친히 관여하시는 이분을 와서 보세요"(요 4:29)라고 외치게 될 것이다.

지금까지 했던 가장 고통스러운 체험에 대해 생각해보라. 그것을 통해 무엇을 배웠는가? 그때 하나님께서 어떻게 당신에게 자신을 나타내셨으며 그분의 사랑에 대해 무엇을 가르치셨는가? 하나님이 약속을 지키는 분이라는 사실을 당신에게 어떻게 입증해주셨는가? 어떤 약속을 입증해주셨는가? 당신의 이야기를 써가면서 이러한 질문들에 대답해보기 바란다.

결혼 초기에 불임으로 고생했다는 내 이야기는 앞에서 여러 차례 언급했다. 그때 내 꿈과 계획을 날 위한 하나님의 꿈과 계획에 굴복시킨다는 것이 무엇인지 배웠다. 마침내 임신을 했지만 그렇게 되기까지 몇 년이 걸렸다. 나는 몇 년 동안 기사와 논문을 쓰는 일에 전력했고, 작가들의 모임에 참석하면서 글쓰기 기술을 익혔다. 그리고 그 일은 열두 살 때부터 키워온 작가의 꿈을 내게 열어주었다. 뿐만 아니라 그 기간 동안 8명에 지나지 않았던 교인들의 숫자가 120명으로 늘어났다.

당시 우리 교회는 규모가 작아 남편은 거의 목회자 사례비를 받지 못했지만 내가 버는 돈으로 생활비를 충당할 수 있었다. 또한 불임으로 고생하던 몇 해 동안에 기도가 내 소원 목록을 하나님께 배달하는 게 아니라 그분과 친밀한 관계를 형성하는 거라는 사실을 배웠다. 하나님께서 자녀를 구하는 내 기도에 응답해주시고 나서 몇 년이 지난 뒤에 나는 기도연구에 관한 책을 썼다. 그 책은 현재 내가 하고 있는 사역을 태동시킨 책이었다.

지금도 나는 당시의 몇 년을 통해 태동된 책을 쓰고 있는 중이다. 《Oh God, Please!》(오 주님, 제발요!)이라는 기도 시리즈다. 그리고 하나님께서 우리에게 세 아이를 주어 축복하신 뒤, 내가 구하거나 생각할 수 있는 것들보다 훨씬 더 많은 것들을 넘치도록 하실 수 있는 분이라는 사실을 나는 체험으로 확실히 알게 되었다.

그러나 당신이 아직 기도를 응답받지 못했다면 어떻게 해야 할까? 당신이 하나님의 지혜와 사랑을 정말 완벽하게 신뢰하고 믿으면서 걸을 수 있고, 하나님께서 현재 당신의 삶에서 이루고 계신 일들을 반대의 관점으로 바라볼 필요조차 느끼지 않고, 또 하나님의 영광이 당신의 삶에서 드러나기도 전에 선포할 수 있다면 당신은 그 누구보다 더 잘 순복할 수 있을 것이다. 바울은 다음과 같이 말했다.

> 하나님의 약속은 얼마든지 그리스도 안에서 예가 되니 그런즉 그로 말미암아 우리가 아멘 하여 하나님께 영광을 돌리게 되느니라 고후 1:20

하나님의 약속들이 현실화되기 전, 믿지 않는 사람들이 볼 수 있게 되기 전, 하나님의 약속의 성취를 받았다고 믿을 때 우리는 하나님께서 영광의 역사를 행하시리라는 굳은 믿음을 표출하게 될 것이다. 실제로는 응답을 받지 못했어도 이미 받은 것처럼 확신하고 신뢰하면서 기쁘고 평화롭게 살아갈 때 세상 사람들과 대조적으로 살아가게 될 것이며, '충분히 행할 능력을 갖고 계신다'라는 하나님을 향한 확신을 명백히 증명하게 될 것이다.

세 번째로 하나님께서 밝혀주신 그대로 하나님의 성품을 설명하라. 하나님께서 자신에 관해 당신에게 보여주신 것들을 설명하기 바란다. 믿음을 부여잡고 힘겨운 싸움을 하고 있는 신자들에게 가장 큰 힘이 되는 것은 그들의 손을 꼭 붙잡고, 당신이 하나님을 충분히 행할 능력을 갖고 계신 분으로 알고 있는 게 그런 일들을 직접 체험했기 때문이라고 말해주는 것이다.

하나님께서 자신에 관해 내게 무엇을 보여주셨는가? 하나님께서 어떤 약속이나 자신의 어떤 성품을 내게 깨우쳐주셨는가? 어떤 약속이나 자신의 어떤 성품을 지금 깨우쳐주고 계신가? 이러한 질문들을 당신 자신에게 제기하길 바란다.

나는 암 진단을 받기 전까지 죽음이라는 것을 한 번도 생각해보지 않았다. 언젠가 죽게 되면 천국에 가게 될 거라고 믿고는 있었지만 천국에 가기 위해서 지금 죽고 싶지는 않았다. 죽음은 내가 그렇게 자주 생각하던 주제가 아니었다. 죽음은 현재 내 삶과 직접적 관련이 없는, 좀 더 나이가 든 뒤에야 관련될 것이라고 생각했다.

"암이에요."

주치의에게 그 끔찍한 소식을 듣고 난 뒤 상상조차 할 수 없는 사건의 충격에 잠시 멍해졌지만 이내 평온하고 초자연적인 깨달음으로 옮겨갔다. 그것은 내 영원한 생명이 못 자국이 선명한 예수님의 손 안에 이미 확보되어 있다는 것이었다. 몇 분 동안 하나님께서는 하나님이 생명이시고, 내가 그분의 아들인 예수님을 통해 아무 값도 치르지 않고 영원한 생명을 선물로 받았다는 것을 깨우쳐주셨다.

하나님께서 자신에 관해 당신에게는 무엇을 깨우쳐주셨는가? 하나님께서 기회를 주실 때마다 다른 사람들에게 전할 준비를 하라.

몇 가지 조언

위에 설명한 단순한 단계들을 따르면 당신도 당신의 이야기를 쓸 수 있다. 하지만 손에 펜을 들고 백지를 앞에 놓고 시간을 투자하지 않으면 아무것도 적을 수가 없다. 일단 시작해야 한다. 내 경우 글을 쓰기 위한 가장 좋은 방법은 일상의 분주한 일과에서 숨을 돌릴 수 있는 시간을 따로 떼어 글쓰기에 집중하는 것이다.

어쩌면 그런 짬을 내는 것조차 당신에게는 사치가 된다고 말할지도 모른다. 집에 있을 때 스마트폰이나 컴퓨터를 끄면 충분히 시간을 낼 수 있다. 나는 누군가가 메일을 보내거나 메신저로 쪽지를 보내 컴퓨터나 스마트폰이 신호음을 낼 때면 정신이 산만해져서 글이 잘 안 써진다. 그래서 글을 쓸 때는 그런 것들을 다 끈다. 하루에 한 시간이나 두 시간 정도만 꾸준히 써도 금세 이야기가 완성될 것이다.

일정한 시간을 내어 꾸준히 쓰기를 바란다. 당신의 이야기를 쓰고, 그것을 다른 사람들에게 전하고, 다른 사람들 또한 자신의 이야기를 써서 다른 이들에게 전하도록 하기 위한 몇 가지 실제적인 아이디어를 제시할 테니 참고하기 바란다.

🍁 글쓰기 모임을 열어라. 글쓰기를 좋아하는 사람들과 하나님께서 자신들의 현재 삶 속에서 무엇을 어떻게 말씀하셨는지 알기를 원하는 사람들을 초대하라. 일단 하나님을 예배하는 시간을 가진 뒤에 서로서로 자신들의 이야기를 나누고 격려하라. 그런 다음에 일정 시간을 배당하여 각자 글쓰기에 전념하라. 모임의 마지막 순서는 각자를 선하고 신실하게 대해주신 하나님을 찬양하는 것으로 정하라.

🍁 구체적인 주제와 관련된 이야기를 나누는 행사를 계획하라. 사람들을 초대하여 붕괴된 결혼생활이나 부모 공양이나 문제를 일으키는 자녀들 같은 이야기를 나누라. 커피숍에서 하는 편안한 대화 분위기를 조성해도 좋지만 사전에 신중하게 준비하고 계획하지 않으면 모임을 망칠 수 있으니 유의하라. 각각의 사람들이 하나님을 영화롭게 하는 긍정적인 관점으로 이야기를 할 수 있도록 사전에 교육을 시키고 각자의 발표시간도 제한하라. 나는 이러한 행사를 갖기 전, 발표할 모든 사람들에게 원고 전문을 메일로 보내달라고 요청하고, 내용이 지나치게 길면 발표시간에 맞춰달라고 부탁한다.

🍁 성경공부 시간이나 남녀전도회 주간 모임 시간에 간증을 부탁하라. 우리 교회의 남녀전도회 회원들은 매주 수요일 밤 모임을 가질 때마다 간증 시간을 갖는다. 그들은 20분에서 30분 정도의 시간을 할애하여 하나님께서 자신들의 기도에 어떻게 응답하고 계신지 서로 돌아가면서 간증을 나누는데, 그것을 듣는 사람들은 자신들의 삶의 어려움을 극복하고자 하는 용기를 얻는다. 간증 장면을 비디오로 녹화하여 소그룹 모임에서 서로 나누는 것도 좋은 방법이다.

🍁 일대일의 방법으로 서로의 이야기를 나눠라. 하나님께서 가장 강력하게 사용하시는 게 바로 이 방법이다. 당신의 이야기를 다른 사람들에게 일대일로 자주 전하고, 그 사람이 자기 이야기를 들려주면 신중히 경청하라.

듣는 기술

이야기를 전하는 사역은 듣는 사람에게든지 말하는 사람에게든지 강력한 영향을 끼친다. 나름의 문제로 고심하는 사람들이 다른 사람들의 이야기를 들을 때 힘을 얻는다는 것은 두말할 나위도 없겠지만 말하는 사람들 또한 다른 사람들이 신중히 경청할 때 그에 못지않게 큰 힘을 얻게 된다. 누군가가 내 이야기를 잘 들어줄 때 그것이 내게 얼마나 큰 힘이 되는지 상상도 못할 것이다. '듣는 기술'을 배양하기 위한 다섯 가지 비결을 제시해본다.

1. 주목하라

당신이 하는 이야기를 건성으로 듣는 것 같은 사람과 대화를 나눠본 적이 있는가? 그런 적이 있다면 주목해서 듣는 것이 어떤 것인지 잘 알고 있을 것이다. 시선을 마주치고, 고개를 끄덕이고, 그 사람의 말을 이해하고 있다는 표시로 적절하게 맞장구를 쳐주어라. 그리고 간혹 "그래서 그 다음에 어떻게 되었는데요?", "그래서 그녀가 뭐라고 말했어요?" 같은 질문을 하라.

상대방이 하는 말을 진심으로 잘 들어주어라. 현명한 해결책을 구상하는 데 골몰하지 말라. 또한 이야기 중간에 상대의 말을 끊거나 주의를 산만하게 흐트러트리지 않도록 주의하라.

2. 산만한 생각들을 차단하라

혹여 당신이 책을 읽고 있거나 TV를 시청하는 중에 상대방이 이야기를 시작했을 경우, 그것보다 상대방의 이야기를 훨씬 더 중요하게 여기고 있다는 느낌을 전달하라. 또한 당신의 머릿속의 온갖 상념들을 차단하라. 귀가 아닌 마음으로 듣는 게 가장 좋다. 당신 앞에서 말하고 있는 사람의 느낌이 어떨지 마음으로 상상하여 공감하도록 노력하라.

3. 판단하지 않도록 주의하라

다른 사람들의 말을 들을 때 주의하지 않으면 그 사람을 경솔하게 평가하거나 판단하게 된다. 열린 마음으로 들어라. 상대방이 심적으로 아파하고 있을 때는 이렇게 하는 게 특히 더 중요하다.

언젠가 구약 욥기를 묵상하다가 욥의 세 친구의 무지함에 큰 소리로 웃을 뻔했다. 욥이 필요로 했던 것은 자신의 아픈 마음을 표출할 편안한 친구들이었음에도 그들은 욥의 잘못을 바로잡아주어야겠다고 몇 차례나 느꼈다. 내 마음을 사로잡은 구절은 욥기 13장 5절, "너희가 참으로 잠잠하면 그것이 너희의 지혜일 것이니라"이었다. 어떤 사람이 편한 친구에게 심중의 고통을 털어놓는데 그 친구가 악의는 아니더라도 상대방을 경솔하게 판단하여 '이것은 하면 안 되고 저것은 해야 된다'고 충고할 때 그 사람이 친구에게 가장 하고 싶은 말이 바로 그것일 것이다.

4. 당신 자신의 이야기를 하고 싶은 충동을 억제하라

때로는 상대방이 우리 자신의 이야기와 흡사한 이야기를 할 수가 있다. 그때 우리는 갑자기 경청하기를 중단하고 우리 자신의 이야기를 하려고 애쓴다. 듣는 사람으로서 당신의 직무는 말하는 사람이 자신의 생각과 느낌을 표현하도록 듣는 사람의 위치를 지키는 것이다. 그의 이야기에 충분히 공감하더라도 당신은 듣는 입장이니만큼 그가 이야기를 하게 하라. 물론 그가 이야기를 다 끝마친 뒤에 그의 이야기에 공감할 수 있게 해준 당신의 체험을 단편적으로 나누는 것은 무방하다.

5. 신중하고 솔직하게 반응하라

"그러니까 당신 말은…"과 같은 종류의 명확성을 기하기 위한 진술은 자유롭게 해도 좋다. 이는 당신과 상대방이 갈등의 해결책을 모색하려고 논의하는 경우 긴장을 해소해주는 가장 좋은 방법이다. 당신이 그런 말을 가끔씩 반복하면 말하는 사람은 당신이 주의 깊게 경청하고 있다는 것을 알게 될 것이다. 당신과 상대방 사이의 갈등을 가장 신속하게 해소해주는 가장 좋은 방법은 상대방을 이해하기 위해 힘쓴 후 당신을 이해시키기 위해 힘쓰는 것이다. 그리고 이를 위한 유일한 방법은 주의 깊게 경청하면서 사실을 이해하는 것밖에 없다.

당신 앞에서 말하는 사람에 대한 존중심을 계속 유지하면서 정직하고 솔직하게 반응하라. 말하는 사람이 느끼는 게 그 사람이 말하는 것보다 훨씬 중요하다는 것을 명심하라. 그러니 가능하면 상대방의 감정에 반응을 보여라.

하나님 음성 듣기

효율적인 듣기를 위한 다섯 가지 비결을 하나님과의 관계에 적용하는 것이 적절할 듯 싶다.

1. 주목하라

매일 아침 당신이 가장 먼저 하는 일이 주님을 만나는 것일 때 당신의 삶에서 어떤 일들이 일어나게 될까? 성경을 펴고, 그 말씀을 통해 당신에게 말씀해달라고 간청하고, 하나님께서 말씀하시는 것들에 귀를 기울일 때 당신의 삶에서 어떤 일들이 일어나게 될까? 매일 아침 충분한 시간을 할애하여 조용히 앉아 묵상할 때 당신의 삶에서 어떤 일들이 일어나게 될까? 궁금하다면 직접 시도해보라. 이렇게 성경 말씀 안에서 주님을 만나면서 조용히 묵상하는 게 기도생활에 어떤 혁신을 일으켰는지 짐작하기도 어려울 것이다.

물론 하나님의 음성이 우리 육신의 귀에 들려오는 것은 아니다. 창조세계를 관조(觀照)함으로써 하나님의 영광을 살짝 볼 수도 있다. 잠시 시간을 내어 하늘을 바라보라. 당신을 둘러싸고 있는 자연을 둘러보라. 모든 것들이 다 창조주 하나님의 솜씨를 드러낸다. 하나님을 볼 수는 없지만 그분께서 무엇을 창조하셨는지, 어디에 계시는지는 알 수 있다. 당신 주변의 사람들을 하나님의 비길 데 없는 걸작으로 간주하는 법을 배워라. 그들의 독특한 개성을 경이롭게 여겨라. 그 모든 것들을 만드신 창조주 하나님을 찬양하라.

2. 산만한 생각들을 차단하라

하나님을 만나는 묵상시간에는 TV와 컴퓨터, 스마트폰과 페이스북을 꺼라. 매일 일정시간에 성경 말씀을 묵상하면서 하나님을 만나는 '사라짐 기법'에 집중하라. 종이 한 장을 옆에 놓고 당신의 내적인 생각들을 차분히 가라앉혀라. 그리고 당신에게서 나온 것이 아닌 것처럼 느껴지는 생각이 떠오르면 종이에 간략히 기록하라. 이렇게 기도하고, 성경을 읽고, 하나님의 음성을 들을 수 있을 만큼 고요하게 있는 동안 당신의 마음에 떠오르는 생각들에 집중하면 산만해지지 않을 것이다.

3. 판단하지 않도록 주의하라

우리는 하나님을 판단하는 잘못을 저지르지 않을지 몰라도 선입견을 갖고 하나님 앞에 나아가는 잘못은 저지를 수 있다. 일례로 요전 날 불행한 결혼생활로 인해 힘들어하고 있는 한 여성과 대화를 나누고 있었는데 그녀가 말했다.

"하나님께서는 제가 행복하기를 원하실 걸요. 아닌가요?"

그래서 그녀에게 대답해주었다.

"물론 하나님께서는 우리에게 깊은 관심을 갖고 계시죠. 하지만 하나님께서는 우리의 행복보다는 '거룩함'에 더 큰 관심을 갖고 계세요."

하나님께서는 언제나 당신에게 새로운 것들을 가르치고 계시며, 하나님과 하나님의 길에 대한 당신의 이해의 폭을 넓혀주고 계신다. 그러니 당신의 선입견과 그릇된 사고방식을 재정비해주시도록 하나님께 겸손히 순복하라.

4. 자신의 이야기를 하고 싶다는 충동을 억제하라

당신이 하고 싶은 말만 하고 기도를 끝내는 일이 없도록 주의하라. 때로는 하나님께서 "이제 그만 조용히 해주면 안 되겠니? 네가 너무 말을 많이 해서 나는 말할 틈이 없잖아"라고 우리에게 말씀하고 계신 건 아닐까 하는 생각이 든다.

5. 신중하고 솔직하게 반응하라

당신은 하나님과 함께 시간을 보낼 때 하나님의 음성을 분별하는 법을 깨닫는다. 나는 기도시간에 하나님께 들었던 말씀들을 이 책에서 몇 차례 인용했다. 나는 하나님께서 성경 말씀 안에서 우리 모두에게 주신 지침들과 원칙들을 신실하게 따른 수년의 생활 끝에 하나님 음성을 분별할 수 있는 상태에 이르게 되었다. 그러나 지금도 나는 내 영적인 귀에 들리는 말씀이 성경 말씀과 정확히 일치하는지 확인하고 또 확인한다. 사탄의 속임수에 넘어가서 실제로는 헛된 상상을 하고 있으면서 하나님 음성을 듣고 있다고 착각하고 싶지 않기 때문이다.

야고보는 하나님의 말씀을 '단순히 듣는 것'과 '실제로 듣는 것'의 차이에 대해 말한다. 말씀을 단순히 듣는 사람은 실천하지 않지만, 실제로 듣는 사람은 반드시 실천한다.

너희는 말씀을 행하는 자가 되고 듣기만 하여 자신을 속이는 자가 되지 말라 누구든지 말씀을 듣고 행하지 아니하면 그는 거울로 자기의 생긴 얼굴을 보는 사람과 같아서 제 자신을 보고 가서 그 모습이 어떠

했는지를 곧 잊어버리거니와 자유롭게 하는 온전한 율법을 들여다보고 있는 자는 듣고 잊어버리는 자가 아니요 실천하는 자니 이 사람은 그 행하는 일에 복을 받으리라 약 1:22-25

하나님의 말씀에 순종하는 법을 배울 때 그분의 음성을 듣는 법을 배울 것이다. 그리고 말씀에 순종하면서 걸을 때 그분의 세미한 음성을 들을 수 있다는 확신 또한 커질 것이다.

그리스도를 더욱더 신뢰하라

몇 년 전 친구 카렌이 페이스북(facebook, 소셜미디어)을 통해 소식을 전해왔다. 그녀와 나는 고등학교 친구였는데 서로 진로가 달라 졸업 후에 연락이 끊어졌다. 다시 연락이 닿은 것이 거의 30년 만이었다. 그녀의 이야기는 그 자체만으로도 내게 큰 힘을 주었지만, 당시 내가 처해 있던 정황으로 볼 때 하나님께서 주시는 메시지로 받아들였다.

그녀의 메시지를 처음 받은 것이 3월 8일이었다. 그날 아침 나는 수면대장내시경을 받았다. 사실 나는 오직 한 가지 이유로 수면내시경을 받는 날을 학수고대하고 있었다. 검사를 받을 때 의사들이 주는 약이 정말로 '행복한 수면'을 선사해주었기 때문이었다. 나는 그 전 해에 검사를 처음 받았을 때 그런 느낌을 생전 처음 경험했다. 행복한 수면을 약속해주는 그 약을 먹은 뒤에 검사를 끝마치고 깨어나면 세상 모든 시름이 다 사라진 것처럼 느껴졌다. 수면 유도제는 내게 그런 진정효과를 나타냈다. 따라서 그날 아침에도 그 느낌을 기대했다. 주변에서 돌아가고 있던 일들로 인해 가슴이 산산이 부서졌기에 비록 약에 의한 일시적인 것일지라도 그런 고통에서 벗어나고 싶었다.

그러나 그날 아침에는 그 약이 그런 작용을 하지 못했다. 내 영혼을 무겁게 짓누르고 있던 무거운 짐을 소량의 약물이 감당하기에는 벅찼던 모양이었다. 그날 검사가 끝났을 때 나는 활짝 웃기는커녕 괴로움에 몸부림치면서 잠에서 깨어났다. 그리고 그날 오후, 나를 깊은 잠에 던져 넣었던 약물의 효력이 점차 약해졌을 즈음, 일년 동안이나 나를 못살게 괴롭혀온 고통으로부터의 일시적 도피조차 하나님께서 허락해주시지 않는 까닭이 무엇인지 궁금했다.

나는 컴퓨터를 켜고 페이스북에 로그인을 했다. 그리고 다음과 같은 메시지를 발견했다.

고마워! 잘 지내니? 좀 더 일찍 연락을 했어야 했는데 이제야 하는구나. 이렇게 페이스북으로 연락하는 방법이 있었는데 미처 생각을 못했다니…. 지난 몇 년 동안 하나님께서 너를 내 마음에 계속 떠올려주면서 널 위해 기도하라고 하셨어. 특히 지난 몇 개월 동안은 더 그랬단다. 네게 힘이 될까 싶어서 두 가지를 말해주고 싶어.

첫 번째로 너는 잘 모르겠지만 나는 열일곱 살 때 자살을 하려고 했었어. 그러나 그날 학교에서 너를 보았어. 하나님을 알고 교회에 다니는 넌 나하고는 무척이나 달라 보였어. 그래서 나는 부모님께 교회에 데려가달라고 부탁했지. 하지만 그리스도인이 아니었던 부모님은 내 부탁을 들어주지 않았고, 오히려 그런 부탁을 하는 내게 충격을 받으신 것 같았어. 아빠는 내게 버럭 고함만 질러댔고 엄마는 그런 아빠를 말려주지도 않았지. 하지만 결국 부모님은 나를 교회에 데리고 갔고, 열일곱 살인 그해 4월 8일에 구원을 받았단다. 그렇게 몇 개월 동안 교회에 출석하다가 특별한 말씀 한 구절을 듣게 되었는데 요한계시록 3장 20절 말씀이었어.

'볼지어다 내가 문 밖에 서서 두드리노니 누구든지 내 음성을 듣고 문을 열면 내가 그에게로 들어가 그와 더불어 먹고 그는 나와 더불어 먹으리라.'

하나님께서 나를 사랑하시고 또 나를 위해 죽으셨다는 사실에 엄청 놀랐지. 열일곱 살 그해 내 인생을 획기적으로 전환시켜준 그 일들 덕택에 지금은 부모님도 열렬하고 헌신적인 그리스도인으로 살고 있고, 우리는 다정한 친구처럼 지내고 있어. 지난 세월 동안 네게 고맙다는 말을 얼마나 하고 싶었는지 몰라. 이런 이야기를 어떤 친구에게 했더니 '그녀가 페이스북을 하고 있을지 모르니 연락해 봐!'라고 하는 거야. 그래서 몇 주 전에 너를 찾기 시작했어.

두 번째로 내가 하고 싶은 말은 하나님께서 일주일 전쯤 너에 관한 꿈을 주시면서 널 위해 기도하라고 하셨어. 하나님께서는 네가 힘을 얻을 수 있게 기도하라고 날 재촉하셨어. 그때 나는 느낄 수 있었어. 하나님께서는 네가 지금 무슨 일을 겪고 있는지 속속들이 알고 계시며 너를 잊지 않으셨다는 것과 네가 그 사실을 깨닫기를 바라신다는 것을 말이야.

하고 싶은 말들은 많지만 다른 무엇보다 고맙다는 말을 하고 싶어. 네가 고등학교 시절에 그리스도의 증인 역할을 하지 않았다면 오늘의 나는 없었을 거야. 나는 그리스도인이 되지 않았을 거고, 우리 부모님도 그리스도인이 되지 않았을 거고, 내 조카들도 그리스도인이 되지 않았을 거고, 수없이 많은 감사한 일들 또한 일어나지 않았을 거야. 네 삶이 내 삶에 네가 아는 것보다 훨씬 더 큰 영향을 끼친 거지.

마지막으로 내가 가장 좋아하는 인용구를 남기고 싶어. 위대한 성경교사 헨리에타 미어즈(Henrietta Mears)의 말이야. 그녀는 주일학교에 수준별 교육과정을 도입한 인물로 그리스도인들을 위한 수양 센터를 건립했고, 국제대학생선교회(CCC)의 창립자인 빌 브라이트(Bill Bright)와 그의 아내를 영적으로 이끌어주었고, 빌리 그레이엄 목사에게 그의 어머니와 아내 다음으로 큰 영향을 끼쳤어. 한마디로 그녀는 하나님께 크게 쓰임을 받은 종이었어.

그녀가 세상을 떠날 무렵, "다시 한 번 살게 된다면 어떤 삶을 살고 싶습니까?"라고 사람들이 물었더니 "그리스도를 더욱더 신뢰하면서 살고 싶어요"라고 대답했다는 거야.

하나님께서 네 삶을 통해 네가 알 수 있는 것보다 훨씬 더 크고 귀한 일들을 계속 하시기를 진정으로 기도하고 있어. 다시 한 번 말하지만 정말 고마워.

하나님께서는 30년 전에 나를 통해 카렌을 변화시키셨다. 하지만 나는 그런 사실을 전혀 알지 못했다. 그녀의 가정생활이 순탄치 못했다는 것도, 그녀가 자살을 결심했었다는 것도 전혀 알지 못했다. 심지어 그녀가 구원받았다는 것조차 알지 못했다. 그리고 그녀가 주님을 영접하고 알게 되는 데 내가 그렇게 중요한 영향을 끼쳤다는 것은 더욱 알지 못했다. 하지만 하나님께서는 오직 하나님만 아시는 몇 가지 이유로, 그해 3월 8일까지(카렌이 회심한 지 30년이 넘도록) 기다리게 하셨다가 나를 격려하기로 결정하셨고, 마침내 카렌을 통해 격려의 메시지를 전해주셨다.

그녀의 메시지와 관련하여 가장 주목할 점은 하나님께서 내게 하나님 말씀을 전해주시기 위해 그녀를 들어 쓰셨다는 것이다. 하나님께서는 날 잊지 않으셨을 뿐 아니라 내게 무슨 일이 일어나고 있는지 정확히 인지하고 계셨고, 내가 그런 사실들을 깨달을 필요가 있다는 것을 알고 계셨다. 또한 내가 그리스도를 더욱더 신뢰하기 위해 힘쓰면 이전처럼 그렇게 고통스러워하지 않게 되리라는 것도 잘 알고 계셨다.

이후 카렌이 다시 메시지를 보냈다. 그녀는 어떤 벽화를 본 느낌에 관해 말했다. 그것은 우리 교회 성도들이 예배당 벽에 그린 그림으로 하나님의 다양한 이름들이 새겨져 있었고 그 중앙에는 '스스로 있는 자'라는 글귀가 있었다. 그녀는 하나님께서 그 그림을 사용하시어, 우리가 하나님이 어떤 분이신지에 더욱더 집중하면 하나님을 신뢰하고, 순종하고, 체험하는 데 그렇게 애를 먹지 않게 될 거라고 자신에게 상기시켜주셨다며 내게 말했다.

또한 그녀는 마침 자신이 여성들을 위한 수련회를 준비하고 있는데 그 모임에서 그녀와 내 이야기를 전할 거라고 했다.

하나님의 음성을 듣는 것은 로켓을 우주에 쏘아 올리는 과학도 아니며 새로운 수학 체계도 아니다. 당신이 해야 하는 모든 것은 그저 그리스도를 더욱더 신뢰하고 '스스로 있는' 크신 그분을 마음에 받아들이는 것뿐이다.

딸아, 내 음성이 들리니

초판 1쇄 발행	2014년 2월 24일
초판 2쇄 발행	2014년 3월 17일

지은이   리앤 맥코이
옮긴이   배웅준

펴낸이   여진구
책임편집   4팀 | 김아진, 김소연
편집   1팀 | 이영주, 김수미   2팀 | 최지설, 김나연   3팀 | 안수경, 유혜림
책임디자인   마영애, 전보영 | 이혜영, 황혜정
기획·홍보   이한민   **해외저작권**   김나은
마케팅   김상순, 강성민, 허병용, 이기쁨   **마케팅지원**   최태형, 최영배, 이명희
제작   조영석, 정도봉   **경영지원**   김혜경, 김경희

이슬비전도학교   최경식, 전우순   **303비전성경암송학교**   박정숙, 정나영, 정은혜
303비전장학회 & 303비전꿈나무장학회   여운학

펴낸곳   규장

주소   137-893 서울시 서초구 양재2동 205 규장선교센터
전화   02)578-0003   **팩스**   02)578-7332
이메일   kyujang@kyujang.com   **홈페이지**   www.kyujang.com
트위터   twitter.com/_kyujang   **페이스북**   facebook.com/kyujangbook
등록일   1978.8.14. 제1-22

ⓒ 한국어 판권은 규장에 있습니다.
이 출판물은 저작권법에 의해 보호를 받는 저작물이므로 무단 전재와 무단 복제를 할 수 없습니다.

책값   뒤표지에 있습니다.
ISBN   978-89-6097-334-3   03230

규 | 장 | 수 | 칙

1. 기도로 기획하고 기도로 제작한다.
2. 오직 그리스도의 성품을 사모하는 독자가 원하고 필요로 하는 책만을 출판한다.
3. 한 활자 한 문장에 온 정성을 쏟는다.
4. 성실과 정확을 생명으로 삼고 일한다.
5. 긍정적이며 적극적인 신앙과 신행일치에의 안내자의 사명을 다한다.
6. 충고와 조언을 항상 감사로 경청한다.
7. 지상목표는 문서선교에 있다.